Natalie Faßmann | Monika Kratz

URLAUB AUF
BALKONIEN

Zwischen Gemüselust
und Blütenmeer

Inhalt

Balkon-träume

Stellen Sie sich vor, Sie schauen auf Ihren Balkon und dort würde ein großer, rosa blühender Oleanderbusch stehen, der mit seinem südländischen Charme die kahle Ecke belebt. Zu seinen Füßen und im Wandregal wachsen all die würzigen Kräuter, die ebenfalls ein sonnenbeschienenes Plätzchen schätzen. Wie schön wäre es, schnell mal ein paar Blättchen für die Küche abzuzupfen! Eine Tomate mit prallroten Früchten würde auch noch passen. Gleich davor könnte man einen Gartentisch mit Stühlen zum gemütlichen Relaxen am Abend platzieren. Hier könnten Sie das Sonntagsfrühstück in der Morgensonne genießen – ahhh! Und wie wäre es mit Rosen? Na klar! Am liebsten in Form eines reich blühenden Hochstämmchens oder eines duftenden Rosenbogens an der Balkontür. Komplett wird Ihr „Balkontraum" durch jede Menge Sommerblumen. Von der Decke baumeln Ampeln mit kunterbunter Blütenpracht: Gelbe Margeriten, blaue Lobelien und orangerote Kapuzinerkresse. Die Kästen am Geländer schäumen förmlich über – lebendige, farbenfrohe Blütenkaskaden, die schon von Weitem alle Blicke auf sich ziehen. Dieser Traum Ihrer ganz persönlichen Wohlfühl-Oase im Freien kann Wirklichkeit werden! Wir zeigen Ihnen viele verschiedene Balkonarrangements.

Mut zur Farbe! Wie wäre es mit kräftigem Gelb, Orange, Rot oder Pink als „Bonbon-farben"? Mit den passenden Accessoires ein echter Hingucker für den fröhlichen Sommerbalkon.

Bunte Blütenpracht ist schon im Kleinen möglich. Fangen Sie mit einem Kasten, einer Ampel oder einem bunten Topf-Arrangement an!

Ob duftige Blütenwolken vor dem Fenster oder ein blühender Freisitz für Mußestunden – mit Blumenschmuck schaffen Sie ein Wohlfühl-Refugium für sich und andere. Der Umgang mit lebendiger Natur ist ein beruhigender Ausgleich zum hektischen Alltag. Das Gestalten mit dem Farben- und Formenreichtum der Pflanzen fordert Ihre Kreativität. Und mit einer blumig verzierten Hausfassade machen Sie jedem Passanten eine Freude! ●

Schöne Blumenbalkone und Fensterkästen wie diese können auch in der Stadt mit wenig Aufwand ganze Straßenzüge verschönern.

Opulent & üppig

SPEZIAL

Rosa Rosen-Romantik

Junge Mädchen schwärmen ebenso für rosa Rosen wie ältere Damen. Das Kaffeeservice mit Rosendekor, Stoffe mit Rosenmuster oder blühende Rosenbäumchen auf dem Balkon – erst in Rosa wirken sie so richtig romantisch. Für eine rosafarbene Balkongestaltung dürfen Sie gefühlvoll in Schnörkeln und Ranken schwelgen. Dann zeigt sich die überschwängliche Blütenfülle der Rosenbüsche von ihrer schönsten Seite. Perfekt wird Ihr romantischer Rosen-Balkon aber erst mit einigen duftenden Sorten!

Kasten oder Spalier?

Glücklicherweise ist es überhaupt kein Problem, Rosen für alle Gelegenheiten zu bekommen. Die Zwerge unter ihnen passen in Töpfe, die auf einem Tischchen stehen können. Niedrige, buschig wachsende Sorten kommen mit dem begrenzten Platzangebot eines Balkonkastens zurecht. Größer wachsende Sorten setzt man in dekorative Kübel und gibt ihnen vielleicht schöne schmiedeeiserne Stützstäbe oder Rankgitter zur Seite, die ähnlich wie fächerförmige Wandspaliere den technischen Halt mit dem optischen Reiz vereinen. Oder wie wäre es mit einem Rosenbogen, durch den Sie von drinnen nach draußen schreiten? Diese Rankhilfe, die nicht zu mächtig sein sollte, wird vor Ort zusammengebaut und mit den Enden in je einen hohen Rosenkübel rechts und links der Tür gestellt. Befestigen Sie den Bogen im oberen Bereich sicher an der Wand, damit er auch bei stärkerem Wind nicht umfallen kann. Pflanzen Sie pro Kübel eine Kletterrose und binden Sie

Gibt es etwas Romantischeres, als auf dem Balkon von rosa Rosen umgeben zu sein?

Zart und verspielt – rosa Zwergrosen mit dezent-pastelligen Begleitpflanzen. Originell: Als Gefäß dient eine geschlossene Dachrinne.

sie fest. Lassen Sie sich im Rosenfachbetrieb beraten, welche Sorten Ihrer Farbvorstellung für den jeweiligen Zweck geeignet sind.

Dezente Begleiter

Suchen Sie angemessene Begleitpflanzen für Ihre Rosenlieblinge? Wählen Sie zwischen Blüten in einem kühlen, bläulichen oder warmen, gelblichen Rosa. Romantischer Vorbote im Mai ist das Tränende Herz (*Dicentra spectabilis*) in einem Kübel mit Frühjahrspflanzen. Zwischen rosafarbenen Maßliebchen (*Bellis perennis*) weben einige Vergissmeinnicht (*Myosotis sylvatica*) ihre himmelblauen Schleier. Leicht und duftig wirkende Blüten finden Sie unter den Malven, von Hellrosa bis „Mauve" (= malvenfarben). Eine verspielte Note bringen die Schmetterlingsblüten der Wicken ein, die ebenfalls gut am Spalier hochranken können und Nuancen von kräftigem Pink über Rosa und Violett beisteuern. Sommerblühende Heidekräuter bieten einen schönen Strukturkontrast. Blau in allen Variationen ist ein sehr guter Partner für rosa Blüten, von kräftigblauem Stauden-Rittersporns (*Delphinium × culturum*) oder einjährigem Acker-Rittersporn (*Consolida regalis*) bis hin zu violettblauen Tönen der verschiedenen Glockenblumen (*Campanula*). Besonders hübsch ist eine Mischung von kleinen hellrosa Rosen und gefüllten, rosenblütenähnlichen Zwerg-Glockenblumen. ●

Rosenblüten-„Imitate"

Rosenartige, rüschige Blüten haben auch einige andere Blumen, zum Beispiel gefüllte Sorten vom Fleißigen Lieschen, von Knollen-Begonien, sogar von Geranien. Und der Farbverlauf bei den Blütenständen des Wandelröschens (ein Verbenengewächs!) sieht jenem in einer sich öffnenden Rosenblüte täuschend ähnlich. Ein witziges Verwirrspiel fürs Auge!

Kontrastreiche Kaskaden

Ein Meer von Blüten, das sich überbordend-üppig aus Fenstern und Balkonen die Fassade hinab ergießt — was für ein verführerischer Anblick! Eine solche Pracht möchte man auch selbst einmal präsentieren. Für eine ganze Fassade mit mehreren Etagen oder einen umlaufenden Balkon benötigen Sie allerdings eine ganze Menge Pflanzen — von Kästen, Halterungen, Substrat und Dünger ganz zu schweigen. Und auch über die Wasserversorgung sollten Sie sich Gedanken machen.

Ein Blütenmeer ganz aus Petunien! Die vielen blühstarken Sorten machen's möglich.

Wenn Sie nicht jeden schönen Sommertag zwei oder drei Stunden mit Gießen verbringen wollen, sollten Sie eine automatische Bewässerungsanlage zu Hilfe nehmen.

Für Ihren Pflanzplan

Wenn Sie vorhaben, eine größere Anzahl Kästen zu bestücken, machen Sie auf jeden Fall vorher einen Pflanzplan mit der entsprechenden Einkaufsliste. Als Faustregeln gelten:

▸ **Erde** Für einen Balkonkasten von 1 m Länge (einfache Ausführung aus Kunststoff, 15 cm breit) benötigen Sie gut 20 l Erde, für einen 50 cm langen Kasten gut 10 l, andere Längen liegen entsprechend dazwischen. Bei einer größeren Ausführung (z. B. geradwandige Kästen aus Eternit mit 20 cm Breite und Höhe) sind es schon 36 l pro 1 m Länge! Um den gesamten Bedarf an Erde für eine Balkonkastenbepflanzung zu ermitteln, zählen Sie alle Kastenlängen zusammen und errechnen daraus die Substratmenge bzw. die Anzahl der benötig-ten Substratsäcke, die immer in Liter angegeben sind.

▸ **Dünger** Für die Düngermenge achten Sie auf die Angaben auf der Packung. Es empfiehlt sich auch bei nur wenigen Gefäßen, zu Beginn einen Vorratsdünger einzubringen und je nach Nährstoffbedarf der Pflanzenarten später individuell nachzudüngen.

▸ **Pflanzen** Pro Meter Kasten sollten Sie maximal fünf bis sechs Pflanzen setzen. Geben Sie dabei den breiteren Modellen ab 20 cm den Vorzug. Achtung: Nach dem Pflanzen sieht alles noch relativ leer aus. Man kann sich kaum vorstellen, dass nach ein paar Wochen alles dicht zusammengewachsen ist. Lassen Sie sich durch die zunächst großen Lücken nicht zu dem Fehler verleiten, die Pflanzen doch enger zu setzen. Gerade die stark wachsenden Arten wären sich bald gegenseitig im Weg und würden um Wurzelraum, Wasser und Nahrung konkurrieren. Sie müssten Sie bald wieder zurücknehmen oder sogar entfernen. Haben Sie also Geduld, es lohnt sich!

Eine mächtige, rustikale Fassade verträgt üppige Blütenkaskaden aus Petunien und Geranien.

Balkonkästen gut gestalten

Eine Balkonbepflanzung, die nach außen gerichtet ist, soll in erster Linie die Fassade verschönern und Passanten einen freundlichen Anblick bieten. Dafür sind aus gestalterischer Sicht zwei Dinge wichtig: Zum einen kann man durch die Farbzusammenstellung die Fernwirkung steuern, zum anderen spielen formale Aspekte wie Wuchsform, Blütenform und -größe eine Rolle. Die ideale Farbe für Fernwirkung ist Rot. Rot „springt" auf den Betrachter zu. Es wird in seiner Intensität noch gesteigert durch das komplementäre Grün des Laubes, das bei Pflanzen

meist gleichzeitig mit vorhanden ist. Bestes Beispiel: die berühmten Geranienbalkone in Süddeutschland. Alle anderen Farben – sei es nun Rein- oder Mischton – wirken aus der Entfernung am stärksten im zweifarbigen, starken Hell-Dunkel-Kontrast. Dunkles Blauviolett oder kräftiges Pink kann zum Beispiel mit Weiß, Gelb, zartem Lila oder Hellrosa lebendig werden. Tipp: Pflanzen Sie abwechselnd, aber nicht zu streng regelmäßig. Charakteristische Vertreter für die violetten Farbrichtungen sind Petunien, vor allem die reichblühenden, lang herabhängenden Sorten der 'Surfinia'-

Serie. Für kompakte Kaskaden in sonniger bis halbschattiger Lage greift man gerne auf diese bewährten Balkongäste zurück.

SMART

Begleit-Hängepflanzen

› Eisenkraut, Verbene (*Verbena*)
› Männertreu (*Lobelia*)
› Husarenknöpfchen (*Sanvitalia*)
› Fächerblume (*Scaevola*)
› Zweizahn (*Bidens*)
› Blaues Gänseblümchen (*Brachyscome*)
› Hänge-Nelken (*Dianthus*)
› Polster-Glockenblumen (*Campanula*)
› Prunkwinde (*Ipomoea*)

Freche Töne: pink & peppig

Kräftig-freche Farben, süß und aufregend und ziemlich schrill. Was bei frecher Sommermode fröhlich stimmt, kann auch auf Balkonien gute Laune verbreiten. Rot, Pink, Gelb, Violett, Weiß, Orange, Blau — die ganze bunte Blumenwelt steht bereit, man muss einfach nur zugreifen.

Dabei ist es gar nicht wichtig, an besondere Pflanzkombinationen zu denken oder komplizierte Konzepte auszutüfteln. Stellen Sie zusammen, was leichte Disharmonien erzeugt, von allem etwas. Aber nicht gemischt im Kasten, sondern einzeln in Töpfen. Oder wenn im Kasten, dann jede Farbe getrennt als dicke „Mono-Farbkleckse". Die Blüten dürfen groß und plakativ sein. Kaktus-Dahlien passen gut, bollige Studentenblumen (*Tagetes erecta*) und Knollen-Begonien — in ihrem Wuchs kugelige Büsche und kompakte Blütenkissen. Es müssen nicht die ausgeprägten „Pflanzenpersönlichkeiten" sein, es genügt vielleicht auch ein Bäumchen oder eine Kletterpflanze. Ansonsten sind eher die gefälligen, rundlichen Gestalten angesagt.

Exkurs in die Farbenlehre

Interessant ist nun die Frage, was dieses Sammelsurium optisch zusammenhält.

Die Antwort liegt im Farbsystem selbst. Wenn Sie wissen, dass die drei Grundfarben (Primärfarben) Rot, Gelb und Blau zusammen einen harmonischen Dreiklang ergeben, können Sie sich vielleicht vorstellen, dass dieser Effekt auch mit den Abwandlungen des reinen Farbtons möglich ist. Wenn Sie also kräftige und schwache Töne aus jedem der drei Bereiche nehmen, haben Sie gute Chancen auf ein harmonisches Gesamtbild. Diese Harmonie hat nichts mit persönlichem Geschmack oder Lieblingsfarben zu tun, sondern beruht auf den Gesetzmäßigkeiten der Farbenlehre.

„Geordnete Unordnung"

Sie lieben das schräge Nebeneinander von kaltem Pink und warmem Rot, Türkisblau und Lila, Grüngelb und Orange? Dann können Sie gerne mit den passenden Accessoires nachhelfen. Eine solche Szenerie kann peppig-poppiges Zubehör gut vertragen. Kombinieren Sie Streifendesign, Pünkt-

Blütenfarben in Magenta und Pink

Kronen-Anemone (*Anemone coronaria*), **Fuchsien** (*Fuchsia,* **meist zweifarbig**), **Drillingsblume** (*Bougainvillea glabra*), **Portulakröschen** (*Portulaca grandiflora*), **Petunien** (*Petunia atkinsiana, P. integrifolia*), **Geranien** (*Pelargonium peltatum, P. zonale*), **Bechermalve** (*Lavatera trimestris*), **Neuguinea-Impatiens**, **Kugelamaranth** (*Gomphrena globosa*), **Kosmee** (*Cosmos bipinnatus*), **Heide** (*Erica gracilis*), **Zier-Kohl** (*Brassica oleracea*).

Ein frecher Farbenmix für fröhliche Balkonier: Leicht zu kreieren und unkompliziert, aber nicht ohne System.

chen und naive Blumenmuster miteinander. Kästen und Töpfe funktionieren nicht nur als Gefäß, sondern auch als Farbträger. Tür, Tisch und hölzerner Gartenzaun bekommen einen passenden

kräftigen Anstrich. Gerade die Kobalt-, Türkis- und Hellblautöne sind als Ergänzung oder auch als Ausgleich zu Blumen aus dem Rot- und Gelbbereich willkommen. Große Farbflächen kann man einfacher mit Wänden und Möbeln erzielen als mit kleinen und ohnehin raren blauen Blumen. Je höher der Blauanteil im Ambiente ist, desto ruhiger; je mehr Rot und Pink vertreten ist, desto lebendiger ist die Ausstrahlung.

Multicolor-Blüten

Manche Balkon- und Kübelpflanzen bringen Blüten hervor, die warme und kalte

Töne gleichzeitig aufweisen. Dazu gehören unter anderem die als Kübelpflanzen beliebten Wandelröschen (*Lantana camara*), bei denen man aus der Nähe betrachtet Pink, Orange und Gelb erkennen kann. Von anderen gibt es einfarbige Sorten, diese aber sowohl in kaltem Pink als auch in warmem Lachsorange (beispielsweise bei der Drillingsblume) oder rote, gelbe und rosa Sorten wie bei den Mittagsblumen und dem Portulakröschen.
Zu anderen Farbgruppen wie Violett, Orange, Gelb oder Blau finden Sie Pflanzenlisten bei den jeweiligen Gestaltungsideen. ●

SMART

Balkon-Accessoires

Eine Balkonszenerie mit vielen Accessoires sollte regengeschützt liegen. Damit entfällt lästiges Ein- und Ausräumen nicht wasserfester Utensilien. Alle Pflanzen müssen umso aufmerksamer gegossen werden. Alternative: Verwenden Sie ausschließlich witterungsbeständige Accessoires!

Energisches Rot

Was fallen einem nicht auf Anhieb alles für kraftvolle Attribute zu Rot ein! Rot wie Feuer, rot wie die Liebe, rot wie Blut, rot vor Wut. Hier ist also eindeutig Emotion und Leidenschaft im Spiel. Ganz ähnlich klingen auch viele äußerst treffende Namen von Pflanzen in den gut vorstellbaren Rottönen: Feuer-Salbei, Blutblume, Brennende Liebe.

Rot glüht, wenn genügend Gelb enthalten ist. Bis Zinnoberrot geht die Palette, bevor der Ton auf dem Weg zu Gelb ins Orangefarbene kippt. Die beliebtesten aufrecht wachsenden Geranien, nämlich die einfachen, roten, haben den Farbbegriff „Geranienrot" geprägt. Kaum minder energiegeladen wirken aber die um wenige Nuancen versetzten roten Pflanzenarten wie Scharlach-Fuchsie, Feuer-Lobelie oder viele Dahlien-Sorten.

Rot gekonnt kombinieren

Bei solchen optischen Kraftpaketen verwundert es nicht, dass unser Auge so-
wie das Gehirn Zurückhaltung fordern. Zumal alle Rottöne die Eigenschaft haben, sich scheinbar auf den Betrachter hin zu bewegen. Diese Ausdehnung im Raum beansprucht viel Aufmerksamkeit und ist nur begrenzt zu ertragen. Ein einziger Klatsch-Mohn auf grüner Wiese ist auch noch aus großer Distanz wahrnehmbar. Ein ganzes Mohnfeld kann man sich auf die Dauer nur mit Abstand anschauen. Es kommt also auf die Menge und Wechselwirkung mit Nachbarfarben an. Auf dem Balkon als kleinem Raum, wo man sich nicht so einfach den optischen Reizen entziehen kann, sollten alle Rottöne mit Bedacht eingesetzt werden. Egal ob warm (gelblich) oder kalt (bläulich) — im Zweifelsfall

lieber weniger als zuviel und lieber überwiegend verstreut als allzu dicht beieinander. Viel Grün passt immer, auch etwas dunkles, schwarzrotes Laub dazwischen macht sich gut. Beispiele dazu finden Sie auf Seite 23. Weiße, silbergraue und helle Pastelltöne dämpfen knalliges Rot ein wenig und lockern dunkle Rotpartien auf.

Leuchtend rote Blüten

▸ **Große Blüten:** Aufrechte Geranien (*Pelargonium* Zonale-Hybr.), Dahlien-Sorten, Blutblume (*Haemanthus*) im Kübel, großblütige Rosen, Kardinals-Lobelie (*Lobelia speciosa*) mit langen Blütenkerzen, Zinnien (*Zinnia elegans*), Edellies-

Schmucke Früchte

Erdbeeren (*Fragaria*), Johannisbeeren (*Ribes rubrum*), Paprika und Peperoni (Sorten von *Capsicum annuum*), Äpfel (*Malus*-Sorten), Cocktail-Tomaten (Sorten von *Lycopersicum esculentum*), Felsenmispel (*Cotoneaster*-Arten), Hagebutten (*Rosa*-Arten und -Sorten), Skimmie (*Skimmia japonica*).

Eine geschickte Verbindung zwischen roten Hauptdarstellern und weißen Begleitern sind rot-weiß gemusterte Blüten.

chen (*Impatiens* Neuguinea-Hybr.), Federbusch- und Hahnenkamm-Celosien (*Celosia argentea* var. *argentea, C. a.* var. *cristata*), Knollen-Begonien (*Begonia × tuberhybrida*), Blumenrohr (*Canna indica*) als Kübelpflanze, Feuer-Salbei (*Salvia splendens*), Polster-Phlox (*Phlox subulata*) in kompakten Kissen, Zier-Tabak (*Nicotiana × sanderae*), Scharlach-Fuchsie (*Fuchsia magellanica*), Korallen-Fuchsie (*F. fulgens*) und *Fuchsia triphylla* mit traubenartig hängenden Blüten.

▶ **Kleine Blüten:** Einfache Hänge-Geranien (*Pelargonium peltatum*), Eis-Begonien, Feuer-Bohne

(*Phaseolus coccineus*) als Kletterer, Scharlach-Salbei (*Salvia coccinea*), Eisenkraut (*Verbena*), Fleißiges Lieschen (*Impatiens walleriana*),

SMART

Rot-Weiß-Kombination

Die klassische Kombination Rot-Weiß sollte eine Entsprechung in der direkten Umgebung haben, zum Beispiel: weißer Kasten und rote Ziegelmauer, dazu als Kontrast ein schwarzes Geländer und viel Grün. Dann wirkt die Pflanzung besonders stimmig.

Portulakröschen (*Portulaca grandiflora*) und der zarte Elfen- oder Venusspiegel (*Nemesia*).

Rote Früchte

Die starke Signalwirkung von Rot zeigen zahlreiche Sträucher mit ihren leuchtend roten Früchten im Spätsommer und Herbst: Hagebutten tragende Rosen, Zwergmispel, Erdbeeren und Johannisbeeren, rotbackige Äpfel und Peperoni mit unterschiedlichen Schoten können ebenfalls ihr flammendes Gastspiel auf Balkonien haben. ●

Zarte Farben

Gelb und Violett ist ein sich im Farbkreis gegenüberliegendes (= komplementäres) Farbenpaar. Es vereint die lichteste und die dunkelste Farbe. In der abgeschwächten Pastellversion tritt der Hell-Dunkel-Kontrast aber zurück. Trotzdem steigern sich die beiden gegenseitig noch in ihrer Wirkung. Das gilt für große wie für kleine Blüten. Gelbe Lilien strahlen wie Sterne, wenn violette Nachbarn in der Nähe sind. Und duftige Blütenwolken, zum Beispiel aus gelben Körbchenblüten wie Margeriten und Husarenknopf, leuchten zwischen ebenso kleinblütigen violetten oder lila Balkonpflanzen wie Verbenen, Lobelien oder Petunien der 'Million Bells'-Serie hervor. Die verschiedenen Violetttöne vermitteln Tiefe, während Gelb wie aufgesetzte Lichtflecken erscheint.

Bei diesem Farbenspiel mit Sommerblumen werden Erinnerungen an den Frühling wach. Im klaren Licht des frühen Jahres sind diese Farben am eindrucksvollsten, wenn auch die meisten Frühjahrsblumen eher kräftige als aufgehellte Farben zeigen. Da es für Kästen und Kübel eine reiche Auswahl an geeigneten Pflanzen gibt, sollten Sie die Gelegenheit nutzen, mit diesem komplementären Farbenpaar zu spielen. Selbst in einem einzigen Gefäß können Sie leicht mehrere Abstufungen beider Farbpartner unterbringen.

Die Topf-Szenerie *mit hohen Lilien als Hauptdarstellern ist in einer Ecke eines größeren Balkons gut aufgehoben.*

So gehen Sie vor

Für einen Kasten, der außen am Balkongeländer, vor der Mauerbrüstung oder vor dem Fenster angebracht wird, setzen Sie alle hängenden Pflanzen leicht schräg in die Richtung, in die sie wachsen sollen. Möchten Sie buschig wachsende, aufrechte Pflanzen dazu kombinieren, setzen Sie diese mehr nach hinten zum anderen Kastenrand. Je breiter der Kasten ist, desto einfacher ist das Verteilen der Pflanzen in einer Zickzacklinie. Ab 20 bis 25 cm Breite können Sie sogar doppelreihig pflanzen. Wenn Pflanzen üppig wachsen und blühen, verbrauchen sie schnell das Wasser im Substrat. Also nicht vergessen, täglich zu kontrollieren. Einmal komplett ausgetrocknete Pflanzen erholen sich meist nicht mehr. Wer den ganzen Balkon oder eine Ecke davon mit

Kleinblütige Hängepflanzen und duftige Blütenbüsche wachsen über den Sommer zu wolkenartigen Gebilden zusammen.

Steigerung

Wenn auch der vorrangige Eindruck ein zartes Gelb und helles Violett sein soll, dürfen Sie doch gerne Akzente mit kräftigen Tönen setzen. Auch vereinzelte Mischtöne von Grünlichgelb bis Orangegelb und von Blau bis Purpur machen den zarten Kontrast spannender.

einer Gruppe aus Topf- und Kübelpflanzen dekorieren kann, hat noch weitere Möglichkeiten. Voluminösere Gefäße bieten auch größeren Einzelpflanzen Platz zum Entfalten. Kleine Polster sehen oft als Unterpflanzung sehr hübsch aus. Sie übernehmen zudem noch die Funktion, die Erdoberfläche zu beschatten. Manche Lilie mag zum Beispiel den dadurch etwas kühleren „Fuß", während ihr „Kopf" in der Sonne badet. Aber auch den hitzeverträglichen Kübelpflanzen aus den Tropen oder dem Mittelmeerklima sind die „Untermieter" willkommen.

Als größere, gelbblühende Pflanzen im Kübel können Dahlien, Strauchmargeriten (*Argyranthemum frutescens*), Wandelröschen (*Lantana*) oder Mimosen (*Acacia dealbata*) benachbart werden mit blassblauvioletten Kugeln der Afrikanischen Schmucklilie (*Agapanthus*), mit dem kräftig violetten Tropen-Veilchenstrauch (*Tibouchina urvilleana*), dem Blauen Kartoffelstrauch (*Lycianthes rantonettii*) und rosalila Malven. Als Unterpflanzung oder „solo" eignen sich Blaues Gänseblümchen (*Brachyscome*) und Hänge-Lobelien (*Lobelia erinus*). ●

Sonnige Zeiten

Diese Farben sind Garant für gute Laune. Die warmen Gelb- und Rottöne und mittendrin Orange verbreiten Sonnenschein, sogar ohne dass die Sonne scheint. Wenn sich an einem milden Sommernachmittag dann noch goldenes Licht über alles legt, fangen diese Farben an zu glühen wie Feuer. Die ganze Palette dieser Farbabstufungen mit Nachbarfarben lässt sich beliebig kombinieren. Rotorange mit Goldgelb, Zinnoberrot mit Gelb und Orange, Gelborange, Orange und Rotorange sowie unendlich viele dazwischen liegende Nuancen.

Rote und gelbe Blüten werden auch bei den Farbbeispielen auf den Seiten 18 und 39 genannt. In kräftigen Orangetönen prunken folgende Pflanzen:

Für Kasten und Kübel eignen sich Aztekengold (*Gazania*), Kapuzinerkresse (*Tropaeolum majus*), Ringelblume (*Calendula officinalis*), Studentenblume (*Tagetes*), orangefarbenes Kapkörbchen (*Dimorphoteca sinuata*), Dahlien-Sorten (*Dahlia*), Goldlack (*Erysimum*), Zinnie (*Zinnia elegans*), Schwarzäugige Susanne (*Thunbergia alata*), Tithonie (*Tithonia rotundifolia*), Stiefmütterchen (*Viola × wittrockiana*), Goldmohn (*Eschscholtzia*), Knollen- und Eis-Begonien (*Begonia*), Sonnenhut (*Rudbeckia*), Wandelröschen (*Lantana camara*), Federbusch-Celosie (*Celosia argentea*), Horn-Veilchen (*Viola cornuta*).

Knallorange Früchte liefern Paprika und verschiedene Kürbisse, Apfelsinen, Kumquat, Stachelmelone, bei Ziergehölzen verschiedene Spindelsträucher, wobei das Pfaffenhütchen (*Euonymus europaeus*) einen orangefarbenen Samen mit pinkfarbener Fruchthülle besitzt; weiterhin Feuerdorn-Sorten (*Pyracantha coccinea*) und Sanddorn (*Hippophae rhamnoides*), als haltbares Trockenmaterial sind die Fruchthüllen der Lampionblume (*Physalis alkekengi*) beliebt.

Orange zum Leuchten bringen

Um den kräftigen Sonnenfarben Tiefe zu geben, ohne eine konkurrierende Farbe hinzuzufügen, kann man Pflanzen mit dunklem, rotbraunem bis fast schwarzem Blattschmuck ergänzen. In einem Kübel könnte beispielsweise ein rotlaubiger Fächer- oder Schlitz-Ahorn (*Acer palmatum* 'Dissectum') stehen und den dunklen Hintergrund für feurige Blüten bilden. Im Kasten gedei-

Leuchtende Blütentuffs auf dem Balkon-Fensterbrett für sonnige Aussichten.

Orange und Gelb mit Braunbeimischungen wirken etwas gedämpfter und sind besonders attraktiv in herbstlichen Kompositionen.

hen zwischen Zinnien und Verbenen auch dunkellaubige Blattschmuckpflanzen wie Schwarznessel (*Perilla frutescens*) oder Iresine (*Iresine herbstii, I. lindenii*). Weitere interessante Blattschmuckpflanzen mit „dunklem Charakter": die auch als *Coleus* bekannte Buntnessel (*Solenostemon scutellarioides*), Purpurglöckchen (*Heuchera*) mit Sorten in verschiedener Ausfärbung, rotlaubiges Basilikum (*Ocimum basilicum*), Purpur-Salbei (*Salvia officinalis* 'Purpurescens'), purpurfarbene Sorten des Günsels (*Ajuga reptans*), rot überlaufene Bergenien

(*Bergenia cordifolia*) und der Schwarze Schlangenbart (*Ophiopogon planiscapus* 'Nigrescens') mit seiner typischen Grasschopfgestalt.

Goldener Herbst

Die klaren Sonnenfarben des Sommers bekommen im Herbst ein zunehmend morbides Umfeld mit allerlei bräunlichen oder bleichen Farbtönen. Die sich verfärbenden Blätter vom Wilden Wein (*Parthenocissus quinquefolia*) zeigen wunderbar alle Mischungsstufen zwischen Grün und Rot. Dazu passen Sorten der Studen-

tenblumen (*Tagetes*) in bräunlichen Gelb- und Orangetönen ebenso wie die dicken Blütenbüsche der Herbst-Chrysanthemen in messinggelben, rostbraunen und kupferfarbenen Nuancen. Einzelne knallige Blüten von Ringelblume (*Calendula*), Sonnenhut (*Rudbeckia*) und Dahlie lassen dazwischen ein letztes Aufleuchten des Sommers erkennen, während der allmähliche Verfall der meisten Farben schon den Winter ankündigt. Mit dem Einsetzen der ersten strengen Fröste sind auch die letzten Blüher dahin.

Feuer und Erde

Gebrannter Ton (Terrakotta) ist das ideale Material für die Kombination mit den feurigen Blütenspielen um Gelb, Orange und Rot. Das erdige Rotbraun von Terrakottakästen und -töpfen passt aber ebenso zu gedämpften Herbstfarben. Selbst eine Ansammlung mehrerer Gefäße, Figuren und Deko-Formen wirkt nicht aufdringlich, sondern bleibt den Blütenfarben untergeordnet.

Villa Kunterbunt

Bunt, bunter, kunterbunt. Alle Farben sind erlaubt, wenn es um die fröhlichste Atmosphäre eines Sommerbalkons geht, die man mit Blumen herbeizaubern kann. Am „lautesten" klingt der Akkord, wenn die drei Grundfarben Rot, Gelb und Blau, auf die sich alle anderen Farben zurückführen lassen, in Reinform mit dabei sind. Auch die ersten Mischstufen daraus, Orange, Violett und Grün, unterstützen den Dreiklang zusätzlich. Alle weiteren Mischfarben und Trübungsgrade (mit Weiß und Schwarz) bereichern das Bild, auch wenn sie nur punktuell eingesetzt werden. Beispielsweise leuchten dunkelgelbe Sonnenblumen stärker, wenn sie eine schwarzbraune Mitte haben.

Wohl dosierte Farben

Für eine optische Ausgewogenheit müssen die Anteile an Blau, Gelb und Rot verschieden groß sein. Denn die Wirkung der Farben ist unterschiedlich. Weil Blautöne sich aufzulösen scheinen und in die Ferne verflüchtigen, darf viel Blau vorhanden sein. Mehr auf jeden Fall als Rot, das sehr präsent ist. Die kleinste Menge wird von reinem Gelb benötigt. Sein Licht dehnt sich weit aus und überstrahlt die tatsächliche Form; Blüten erscheinen größer als sie sind.

Ein Bild komponieren

Nun muss man nicht sklavisch an solchen Theorien festhalten. Es geht vielmehr

Blütenfarben in Hülle und Fülle: Kräftige Töne dominieren, zartere unterstützen die vielen Nuancen im Dreiklang.

Ein kraftvoller Dreiklang lässt sich auch in einem einzigen Gefäß stimmungsvoll verwirklichen.

um die stimmige Gesamtwirkung eines Pflanzenarrangements. Dazu gehören außerdem alle Materialien, Farben, Gegenstände in der direkten Umgebung. Dinge also, die so nahe liegen, dass wir sie miteinander verbinden, wenn wir den Blick schweifen lassen. Zu einem Balkon gehören von außen betrachtet die Putzfassade des Hauses, die gestrichene Tür, Holzbalken, Dachpfannen, weitere Blumenkästen an den Fenstern, eine einfarbige oder gemusterte Markise und vieles andere. Der Blickwinkel verändert sich mit der Entfernung, die Wirkung der Farben auch. Von außen betrachtet sollte man auf das Erscheinungsbild in der Distanz achten. Von innen aus gesehen sollte der Balkon nicht überladen wirken und reizvolle Naherlebnisse bieten. Hier beeinflussen Gegenstände wie Boden, Wände, Decke, Geländer, Möbel und Deko-Elemente, einschließlich erkennbarer Muster und Strukturen, die Balkongestaltung. Ein Dreiklang könnte beispielsweise mit gelben und roten Blumen sowie einer blauen Markise entstehen. Oder es wird wie auf dem linken Bild anstelle blauer Blumen ein leuchtend blauer Stuhl mit einbezogen und das Rosa der Bodenplatten wird in rosafarbenen Blüten wiederholt. So hat jede Situation ihren ganz eigenen Charakter, den Sie selbst erspüren müssen. Eine Gestaltung „nach Rezept" an einen Ort verfrachtet, der mit der Beispielsituation nicht vergleichbar ist, hat keinen Sinn. ●

SMART

Das ultimative Blau

Kalte Blautöne, Kobalt, Himmelblau und ähnliche Nuancen sind im Gegensatz zum Violettbereich bei Blumen nicht so häufig anzutreffen. Hier eine Auswahl:
Vergissmeinnicht (*Myosotis sylvatica*), **Ochsenzunge** (*Anchusa officinalis, A. capensis*), **Gedenkemein** (*Omphalodes verna*), **Blauer Lein** (*Linum perenne*), **Blauer Scheinmohn** (*Meconopsis betonicifolia*), **Enzian-Salbei** (*Salvia patens*), **Enzian** (*Gentiana*), **Bartblume** (*Caryopteris*), **Blauer Gauchheil** (*Anagallis monellii*), **Hundszunge** (*Cynoglossum amabile*).

Balkonkasten bepflanzen
Schritt für Schritt

Eine gute Vorbereitung vereinfacht das Pflanzen. Sie hilft auch Fehler zu vermeiden, die sich sonst den ganzen Sommer lang rächen und Ihnen die Balkonfreude verderben würden. Machen Sie eine Bestandsaufnahme von Vorhandenem. Überlegen Sie, wie Sie Ihren Balkon gestalten wollen. Machen Sie sich Notizen, zum Beispiel zum Standort, Ihren Wunschfarben, Anzahl der Kästen, Menge und Art der benötigten Pflanzen. Besorgen Sie, was fehlt, und stellen Sie dann alles an einem geeigneten Arbeitsplatz zusammen. Los geht's!

①

Abzugslöcher

Jeder Pflanzkasten muss sie haben: Löcher im Gefäßboden, die den lebenswichtigen Wasserabzug gewährleisten. Durch den Abzug des überschüssigen Gieß- oder Regenwassers wird Staunässe verhindert, die (außer echten Sumpfpflanzen) keine Pflanzenwurzeln vertragen. Wurzeln brauchen sowohl Wasser als auch Luft! In einfachen Plastikkästen sind oft vorgestanzte Stellen für Abzugslöcher vorhanden, die man erst noch mit einem spitzen Gegenstand durchstoßen muss. Dabei sollte man vorsichtig sein, denn der Kunststoff splittert leicht. Damit beim späteren Gießen die Erde nicht gleich mit ausgeschwemmt wird und den Wasserabzug behindert, bedeckt man die Löcher am besten mit ein paar Tonscherben oder flachen Kieselsteinen.

② Drainage

Auf die Abdeckung der Abzugslöcher folgt eine etwa fingerdicke Schicht Drainagematerial, das den Wasserabzug unterstützt. Das kann ein grobes Granulat aus Blähton sein, wie er für Hydrokultur angeboten wird. Mittelgrober Kies, Bimskies oder Splitt eignen sich ebenso wie übereinander geschichtete Tonscherben, je nachdem, was in ausreichender Menge zur Verfügung steht. Auch Styroporbröckchen erfüllen diesen Zweck. Damit die Drainageschicht nicht verschlämmt, bedecken Sie sie zusätzlich mit Gärtner-Vlies.

Substrat

Als nächstes füllen Sie (etwa bis zur Hälfte) gute Balkonkastenerde ein. Die ist nicht billig, aber wegen des besseren Pflanzenwachstums unbedingt zu bevorzugen. Es gibt fertige Spezialerden wie Rosen-, Geranien-, Kräuter- oder Rhododendronerde. Die meisten Pflanzen kommen aber mit hochwertiger Einheitserde und dem für sie passenden Dünger gut zurecht. Magere Kräutererde erhalten Sie durch Beimischen von Sand.

③

④ Dünger

Im begrenzten Wurzelraum des Kastens brauchen alle Pflanzen Zusatznahrung. Ideal ist ein granulierter Depotdünger, der nur einmal beim Pflanzen in die Erde gemischt wird und eine ganze Saison lang hält. Ansonsten müssen Sie später Düngestäbchen oder Flüssigdünger verwenden. In die so vorbereitete Erde setzen Sie die Wurzelballen der Pflanzen, füllen ringsum Erde auf und drücken kurz an. Wichtig: Gießrand lassen! Lieber weniger Erde nehmen und nach sechs Wochen noch eine Schicht frische Erde auftragen.

SPEZIAL

Klassisch & elegant

SPEZIAL

SPEZIAL

Schmucke Blätter

Hier geht es um Grün, genauer: um Blattgrün. Die biologische Existenz der Pflanzenwelt basiert auf der Wirkungsweise des Chlorophyll, wie der grüne Pflanzenfarbstoff genannt wird. Wenn wir „grün" sehen, denken wir meist automatisch an Natur. Grün bedeutet Leben; der Anblick grüner Landschaften beruhigt das Gemüt. Ähnlich verhält es sich mit einem Garten. Sogar kleinste bepflanzte Flächen wie Terrassen oder Balkone üben diese Wirkung auf uns aus. Dabei nehmen wir die grünen Teile einer Pflanze oft nicht einmal bewusst wahr. Wenn rote, gelbe, weiße oder blaue Blüten vorhanden sind, ziehen diese die Aufmerksamkeit auf sich — das Blattwerk besitzt lediglich unterstützende Funktion. Es lohnt sich aber, einmal genauer hinzuschauen. Denn Grün ist nicht gleich Grün. Gerade auf dem Balkon mit seinem begrenzten Raum, wo wir den Pflanzen nahe kommen, kann man die vielen interessanten Strukturen, Blattmuster und Grünnuancen gut zur Geltung bringen. Voraussetzung ist, dass Mengen und Farben der blühenden Pflanzen stark reduziert werden. Man kann sogar ausschließlich mit Blattschmuckpflanzen gestalten — eine sprichwörtliche „grüne Oase".

Eine halbschattige Balkonecke mit dunkelgrünem Laub wird durch einige weiße Blütentupfer freundlich aufgehellt.

Zimmer-Sukkulenten in der „Sommerfrische" – elegant im silbergrauen Ambiente.

Pflanzen ganz in Grün

Keine Sorge, es wird trotzdem garantiert nicht langweilig! Dafür gibt es viele dekorative Pflanzenarten und -sorten, mit denen Sie Ihren Traum vom grünen „Balkon-Dschungel" wahr machen können. Ein Allroundtalent ist zum Beispiel der Efeu (*Hedera*). Der heimische Efeu mit seinen dunkelgrünen Blättern wuchert noch im tiefsten Schatten über Gefäße und Boden und haftet mit seinen Trieben selbstständig an den Wänden (Achtung: als Mieter vorher den Eigentümer fragen!). Die Altersform mit rautenförmigen Blättern und reichem Fruchtbehang

im Herbst kann zu einem breiten Busch geschnitten werden. Darüber hinaus sind zahlreiche Sorten im Handel, etwa mit cremeweiß oder gelblich grün panaschierten Blättern, sehr zierliche mit tief geschlitzten Blättern oder krausem Rändchen.

Zur den besonders schönen Blattschmuckstauden gehören die Funkien (*Hosta*). Ihre Arten und Sorten bieten eine reiche Farb- und Formenvielfalt: hell-, mittel- oder dunkelgrün, blaugrün, weiß gerandet, gelbgrün gefleckt, mit cremefarbenem Herz, mit breiter oder schmal herzförmiger Blattform, glatter oder wie gesteppt wirkender Blattoberfläche, mit gewelltem Rand ... Die Gartenstauden eignen sich bestens für Töpfe und Kübel auf dem (halb)schattigen Balkon. Sie treiben spät im Frühling aus und ziehen im Herbst wieder ein. Der zartviolette Blütenstand im Mai / Juni hat seinen eigenen Reiz, aber die prächtigen Blattschöpfe sind das eigentliche Objekt der Begierde. Kein Wunder, dass es leidenschaftliche Sammler dieser vielfältigen Pflanze gibt!

Blatt neben Blatt

Für eine interessante Komposition in Grün achten Sie auf formale Kontraste (krause neben glatten, große neben kleinen, breite neben schmalen Blättern) und auf Grünvarianten (blaugrün, gelbgrün, weiß panaschiert). Setzen Sie gezielt Schwerpunkte mit Solitärpflanzen, einem Gruppenarrangement oder auch mit eingestreuten Blütentupfern.

SMART

Ideen in Grün

› **Duft- und Gewürzkräuter liefern Grün in allen Facetten und Schmackhaftes für die Küche**
› **Kühl wirken blaugrüne und silbriggraue Pflanzen; warm ein zu Gelb tendierendes Grün**
› **Der Clou: hellgrüne Blüten von Muschelblume** (*Molucella laevis*), **Frauenmantel** (*Alchemilla mollis*), **Resede** (*Reseda odorata*), **Gold-Wolfsmilch** (*Euphorbia polychroma*) **und Schopflilie** (*Eucomis bicolor*) **wirken vor einer dunkelgrünen Pflanzenwand wie sanfte Lichtflecken**

Schmucke Blätter

Der
Jahreszeiten-Balkon

Damit Sie immer den Anblick Ihres Balkons genießen können, zeigen wir Ihnen hier Beispiele für den Frühjahrs-, Herbst- und Winterbalkon.

Variationen mit Zwiebelblumen: *Blumenkasten mit Tulpenreihe im Farb-Mix; gemischte Bepflanzung im Pflanzkübel mit Zwiebelblühern und niedrigen Stauden im Vordergrund.*

Frühlingsgefühle

Warten Sie nicht auf die Blütenfülle des Sommers, sondern kreieren Sie Ihre ganz persönliche „Vorsaison"! Wer sich schon früh im Jahr an bunten Farbtupfern auf dem Balkon erfreuen will, hat mit Frühlingsblühern – besonders mit Zwiebelblumen – zahlreiche dekorative Möglichkeiten. Schon im Februar können bei mildem Wetter die ersten Schneeglöckchen in Kästen und Kübeln blühen, zusammen mit Krokus, Winterling (*Eranthis hyemalis*) und Primel, Mini-Narzisse und Leberblümchen (*Hepatica nobilis*). Von Woche zu Woche wird die Palette der Frühjahrsblüher erweitert: Zunächst mit Veilchen, Osterglocken und Hyazinthen, im April entfacht dann

SMART

Herbstpflanzung von Frühlingsblühern

> Wasserdurchlässiges Substrat nehmen, normale Erde mit Sand durchlässiger machen
> Für guten Wasserabzug sorgen (Drainage, Abflusslöcher)
> Vorratsdünger ins Substrat einarbeiten
> Vorgeschriebene Pflanztiefe für die einzelnen Zwiebeln einhalten
> Mit Namensschildchen kennzeichnen
> In sehr kalten Wintern Kästen und Töpfe dicht an die Hauswand stellen und z.B. mit Luftpolsterfolie vor dem Durchfrieren schützen
> Nach dem Abblühen im April/Mai am besten mit Erdballen herausnehmen und in den Garten pflanzen oder verschenken.

In größere Gefäße kann man einzelne höhere Stauden wie das Tränende Herz *(Dicentra spectabilis)* pflanzen. Aber auch Stiefmütterchen en masse machen sich gut.

die Hauptblüte der Tulpen ein wahres Feuerwerk der Farben. Tulpen haben viele Gesichter: Wählen Sie kleinblütige Wildtulpen, elegante lilienblütige oder gefüllte, gefranste oder mehrfarbige Tulpen aus.

Lassen Sie sich dieses Frühlingsspektakel nicht entgehen! Im Vergleich zum tollen Effekt ist der Aufwand gering. Entweder pflanzen Sie im Frühjahr vom Gärtner vorgetriebene Blumen oder Sie setzen Zwiebeln und

kleine Stauden bereits im Herbst des Vorjahres, wenn der Sommerflor abgeräumt ist. Schon jetzt können Sie sich auf die ersten grünen Spitzen und die leuchtenden Blüten im kommenden Frühjahr freuen. ●

Herbststimmung

Ähnlich wie die „Vorsaison" im Frühjahr kann die Herbstbepflanzung mit einer üppigen „Nachsaison" die Sinne erfreuen. September- und Oktobertage sind oft noch angenehm warm, so dass manch einer auch die letzten sonnigen Stunden noch gerne auf Balkonien verbringen möchte. Aber der Großteil der typischen Sommerbepflanzung ist bis dahin leider eher unansehnlich geworden. Dafür leuchten einem in den Blumengeschäften und Gartencentern die prallen Blütenbüsche von Herbst-Chrysanthemen (*Chrysanthemum × grandiflorum*) und Strauchmargeriten (*Argyranthemum frutescens*) entgegen. Heidekraut (*Erica/Calluna*) und Silberblatt (*Senecio cineraria*), Zier-Kohl (*Brassica oleracea*) und Strauchveronika (*Hebe × andersonii*) vervollständigen das Sortiment der Herbstschönheiten.

Und so funktioniert's: Ist die Sommerpracht vergangen, können Sie alles mitsamt Wurzeln entfernen, ebenso kalkige Verkrustungen an der Substratoberfläche. Lockern Sie die verbleibende Erde und mischen Sie sie mit ein paar Handvoll frischer Erde. Nun können Sie eine Herbstbepflanzung vornehmen. Sind ein paar unermüdliche Sommerblüher noch attraktiv genug, setzen Sie einfach harmonierende Herbstpflanzen in die frei werdenden Lücken. Der Standort spielt keine so große Rolle mehr, denn die herbstliche Sonne ist milder. Außerdem haben die vom Gärtner kultivierten Pflanzen soviel Energie getankt, dass sie auch unter weniger guten Bedingungen auf dem Balkon den ganzen Herbst durchhalten.

Typische Farben einer Herbstbepflanzung: *kühle Töne zwischen Rotviolett und Blaugrün, warmes Gelb bis hin zu Rost und Bronze.*

Winterzeit

In der kalten Jahreszeit lockt Balkonien nicht mit einem Aufenthalt im Freien. Wohl aber dazu, aus dem gemütlich warmen Wohnzimmer heraus den reizvollen Anblick zu genießen. Pflanzenlose Kästen können mit Tannen- oder Fichtengrün und immergrünem Mahonien-Laub ausgefüllt werden. Der Kontrast von feinstrukturierten Nadelgehölzen und glänzenden Blättern ist besonders hübsch. Die Zweige werden einfach kreuz und quer in die alte Erde gesteckt. Da-

Manche Blüten harren auch bei Kälte und Schnee aus, etwa Christrosen, Winterling, Schneeheide oder Winterjasmin. Sobald sich ein paar Sonnenstrahlen zeigen, erblühen sie – oft schon im späten Winter.

Der Ganzjahreskasten

Dieses Arrangement macht wenig Arbeit, sieht aber immer gut aus!

› **Für die kombinierte Dauer- und Wechselbepflanzung brauchen Sie pro 1-m-Kasten:**
› **1 bis 2 immergrüne, zwergwüchsige Gehölze**
› **1 immergrünen „Ranker" wie Efeu**
› **1 bis 2 kleine Stauden**
› **1 Winterblüher wie Christrose**

zwischen machen sich Hagebuttenzweige gut oder mit leuchtendroten Beeren besetzte Stechpalmenzweige (*Ilex aquifolium*). Im Handel werden neben der heimischen Stechpalme auch die langen, aufrechten Zweige der Amerikanischen Winterbeere (*Ilex verticillata*) angeboten, die zwar keine Blätter haben, dafür aber einen um so reicheren Fruchtbehang. Zu Weihnachten zaubern Sie mit Kugeln, Christbaumschmuck und Lichterkette ein stimmungsvolles Ambiente. Auch floristische Gebinde wie Kränze und Girlanden aus frischem, immergrünem oder trockenem, holzigem Material schmücken jeden Balkon bis zum Frühjahr. ●

SPEZIAL

Weiße Eleganz

Für viele Menschen ist der Balkon „ganz in Weiß" der Inbegriff von Eleganz. Es schwebt immer ein Hauch von Erhabenheit und Festlichkeit über einem solchen Arrangement. Erstrebenswert für die einen, zu distanziert und farblos für die anderen. Unabhängig von persönlichen Vorlieben können weiße Blumen aber in jedem Fall eingesetzt werden, um dunkle Stellen aufzuhellen. Auch in einer vielfarbigen Komposition tragen sie zu einem helleren Gesamteindruck bei. Wählt man Weiß als vorherrschenden Ton, müssen deutlich mehr weiße Blumen als farbige Akzente vorhanden sein. Dabei sind dicke weiße Blütentuffs in Kübeln starke Formen, etwa die von Garten-Chrysanthemen (*Chrysanthemum × grandiflorum*), Margeriten-Stämmchen (*Argyranthemum frutescens*), Hortensien (*Hydrangea*) oder Lilien (*Lilium*). Sie benötigen das Laubgrün oder eine dunkle Wand als Hintergrund, damit ihre Umrisse wahrnehmbar sind.

Die baulichen Elemente des Balkons (Bodenbelag, Wand, Geländer) dienten als Grundlage für eine „Sinfonie in Weiß".

Die Umgebung wirkt mit

Verstärken kann man die Dominanz von Weiß durch weiße Gefäße oder Möbelstücke. Vielleicht ist Ihr Balkon von weiß getünchten Wänden umgeben oder er hat ein weiß lackiertes Eisengeländer? Dann könnten Sie diese baulichen Gegebenheiten wunderbar aufgreifen und eine elegante Komposition in Weiß darauf abstimmen, wie in unserem linken Beispiel gezeigt.

Klein und fein – elegante Kastenbepflanzung in Weiß-Grün mit Glockenblumen und Gundelrebe.

Kleinblütige Partner

Für den Balkonkasten eignen sich vor allem kleinblütige weiße Sommerblumen und Polsterstauden: Sommer-Phlox (*Phlox drummondii*), Hängepolster-Glockenblume (*Campanula porscharskyana*), Kapmargerite (*Osteospermum ecklo-*nis), kleine Petunien (*Petunia* × *atkinsiana* mit 'Surfinia'-Sorten, *P. integrifolia* mit Sorten der 'Million Bells'-Serie), Schneeflockenblume (*Sutera cordata*), Schleifenblume (*Iberis*), Männertreu (*Lobelia*), Wicken (*Lathyrus odoratus*), Mutterkraut (*Tanacetum parthenium*), Zwergrosen, Schleierkraut (*Gypsophila*), Weißer Jasmin-Nachtschatten (*Solanum jasminoides*), Duftsteinrich (*Lobularia maritima*).

Panaschiertes Laub

Auch weiß-grün gemustertes Laub lässt sich hervorragend mit weißen Blüten kombinieren. So entsteht ein schleier- oder wolkenartiger Eindruck. Glatte, unifarbene Flächen der Umgebung sorgen für den nötigen ruhigen Ausgleich. Pflanzen mit weiß bis cremefarben panaschierten Arten und Sorten für den Balkon: Efeu (z.B. *Hedera helix* 'Little Diamond'), Mottenkönig (*Plectranthus*), Schnee-auf-dem-Berge (*Euphorbia marginata*), Funkien (z.B. *Hosta* 'Undulata', *H.* 'Decorata'), Efeu-Gundermann (*Glechoma hederacea* 'Variegata'), gestreifte Gräser wie die Japan-Segge (*Carex morowii* 'Variegata'), Buntblatt-Salbei (*Salvia officinalis* 'Tricolor' oder 'Icterine'). ●

SMART

Licht ins Dunkel bringen

Weiß besitzt von allen Farben die stärkste Leuchtkraft. Weiße Blüten reflektieren auch noch geringste Lichtmengen. Deshalb können sie gut schattige Partien beleben. Sie sind die letzten Blüten, die man in der Dämmerung noch erkennen kann. Wenn Sie sich vorwiegend abends auf Ihrem Balkon aufhalten, ist eine weiße Komposition also ideal.

Strahlende Akzente

Hell und licht soll die Balkonbepflanzung sein, aber nicht rein weiß? Dann sind Mischungen von weißen mit farbigen Blüten angesagt.

▸ Variante 1 Wenn der strahlende, lichte Charakter überwiegen soll, ist es am einfachsten, andere helle Farben zu integrieren. Von den reinbunten Farben eignet sich Gelb als lichteste Farbe am besten — sofern gruppenweise gepflanzt wird, damit die verschiedenen Farbtöne der Blüten als „Tuffs" nebeneinander stehen. Denn die Wirkung der Farben ist abhängig von der Menge und der Verteilung. Tendiert der Gelbton jedoch zu Orange oder Braun, wirken diese Blüten neben Weiß eher dunkel, also stär-

ker im Kontrast. Dunkle und kräftige Farben dürfen nur in ganz kleinen Mengen mit eingewoben werden, damit das lichte, leichte Gesamtbild erhalten bleibt.

▸ Variante 2 Eine weitere Möglichkeit besteht in der Kombination von weißen Blüten mit Blüten in einer Pastellfarbe. Hier ist der volle Farbton – stellt man sich eine Mischungsskala vor – so weit mit Weiß aufgehellt, dass er dem Weiß selbst viel näher steht als dem Ursprungston. Milchige Gelbtöne, gelbliche Cremetöne, Champagnerfarben und helles Apricot, gelbliches und bläuliches Rosa, zartes Lila und (ganz selten) Hellblau sind Pastellfarben, die bei Blumen vorkommen.

Manchmal wird die pastellige Wirkung auch durch Farbflecken oder -verläufe innerhalb einer Blüte hervorgerufen. So kann beispielsweise eine weiße Petunienblüte mit dünnen violetten Linien aus einiger Entfernung zartlila wirken.

Beispiel in Gelb-Weiß

Aufrecht wachsende, buschige und leicht rankende Pflanzen mit vielen kleinen, weißen Blüten sind eine gute Grundlage für die folgende Balkonkastenmischung. Nehmen Sie pro 1 m-Kasten etwa drei bis vier Pflanzen. Dazu kommen zwei bis drei gelbblühende Exemplare. Ist der Kasten 20 cm breit, ordnen Sie die Pflanzen versetzt an. So wachsen sie leicht in- und übereinander und ergeben eine beschwingte, natürlich anmutende Pflanzengruppe. Um den gelben Akzent zu unterstreichen, kann man einerseits weiße Blüten wählen, die bereits gelbe Anteile aufweisen, etwa die Kamille (*Matricaria recutita*) mit ihren gelben Körbchenblüten oder

Besonders apart

Zu einer Blütenkomposition in Weiß mit gelben Begleitern passt Blattwerk in warmen Grüntönen.

Soll die Anmutung von Weiß betont werden, nehmen Sie Pflanzen mit grauem Blattwerk, z.B. Currykraut (*Helichrysum italicum* subsp. *serotinum*), Silber-Strohblume (*H. petiolare*), oder das Heiligenkraut (*Santolina chamaecyparissus*), die selber gelbe Blüten haben.

den Elfenspiegel *(Nemesia strumosa)* in Weiß mit gelber Lippe. Weitere weiße Blüten finden Sie auf der Seite 36. Aber auch gelbgrüne (maigrüne) oder cremegelb panaschierte Blüten und Blätter tragen zu einer warmen, freundlichen Ausstrahlung bei und streuen Lichttupfer ein.

Gelbe Partner

▶ **Gelbliche Blüten** Frauenmantel *(Alchemilla mollis,* grünlich gelb), Zier-Tabak (fahlgelbe Sorte von *Nicotiana × sanderae),* Schwarzäugige Susanne (blassgelbe Sorte von *Thunbergia alata),* Studentenblume (zitronengelbe Sorten von *Tagetes erecta, T. patula, T. tenuifolia).*

Leicht und licht wirkt eine Balkonkastenpflanzung, die hauptsächlich aus weiß und gelb blühenden Blumen besteht.

▶ **Gelbe Blüten (voller Ton)** Husarenknöpfchen *(Sanvitalia procumbens),* Gelbe Strauchmargerite *(Argyranthemum frutescens),* Zwergwucherblume *(Coleostephus multicaulis),* Zweizahn *(Bidens ferulifolia),* Sternauge *(Asteriscus maritimus),* Goldmargerite *(Euryops abrotanifolius),* Sterntaler *(Melampodium paludosum),* Gelbes Gänseblümchen *(Thymophylla tenuiloba),* Studentenblume *(Tagetes),* Wandelröschen *(Lantana camara),* Pantoffelblume *(Calceolaria integrifolia),* Strohblume *(Helichrysum bracteatum),* Pfennigkraut *(Lysimachia congestifolia),* Sonnenblume *(Helianthus annuus).*

▶ **Gelbgrünes bzw. gelb-grün panaschiertes Laub** Strauchveronika *(Hebe buxifolia),* Funkien (z.B. *Hosta*-Sorten 'Evening Magic' oder 'Emerald Tiara'), Buntnesseln *(Solenostemon scutellarioides),* Gundelrebe *(Glechoma hederacea* 'Variegata') sowie die Kanonierblume *(Pilea microphylla).*

SMART

TIPP

Pflanzenkombinationen mit Weiß erzielen die gewünschte lichte, frische, elegante Ausstrahlung nur dann, wenn die weißen Anteile deutlich überwiegen und die (gelbe) Farbe lediglich akzentuiert.

Sanftes Pastell

Etwas für zarte Gemüter! Wer weder zu wenig Farbe, noch zu aufdringliche Töne mag, liegt mit der Blumendekoration in heiterem, aber dezentem Pastell genau richtig. Die Zusammenstellung ist denkbar einfach. Alle Pflanzen in diesen hellen, weißlichen Farben passen gut zueinander. Ob Hellrosa, Zartlila, helles Himmelblau, Puddinggelb, Hellgelbgrün oder Graublaugrün – Sie können alle Töne zu einem Mix vereinen, der mit Puderzucker bestäubt zu sein scheint. Oder Sie beschränken sich bei den Blüten nur auf einen Bereich, zum Beispiel auf kühles Zartrosa. Stellen Sie diesem blaustichigen Ton ebenfalls kühle, blaustichige oder graue Pflanzennachbarn zur Seite.

Die Farbmischung mit Weiß zu pastelligen Tönen kann, aber muss nicht unbedingt durch weiße Blüten betont werden. Sie können diese Abmilderung der Vollfarben auch durch eine Trübung mit Grau erreichen, etwa durch graublaues Blattwerk. So oder so, der blasse Ausdruck der Farben vermittelt eine beruhigende Sanftheit — ganz im Gegensatz zu den Ausgangsfarben in vollem Sättigungsgrad.

Impressionistische Wirkung

Wenn eher kleinteilige Pflanzen mit filigranen Laubstrukturen und zierlichen, ja winzigen Blüten verwendet werden, verwischen die Einzelformen zugunsten der Gesamtfarbwirkung. Im Beispiel „Rosa" ist dies der größte Unterschied zum romantischen Rosenarrangement von Seite 12 / 13. Statt gefühlvollen Überschwangs, den reichblühende Rosenpflanzen mit prallen, runden Blüten vermitteln, verbreitet die hier abgebildete Komposition eher die Stimmung vornehmer Zurückhaltung. Eine Nuance wärmer und damit lebendiger wirkt die Komposition, wenn ein gelbstichiges Rosa den Ton angibt. Die gleichen graulaubigen Pflanzenpartner unterstützen dann den „soften" Charakter.

Gleiche Farbe, andere Form

Die Komposition innerhalb eines Gefäßes kann an anderer Stelle in Einzelteilen wiederholt werden. Ergänzen Sie zum Beispiel zu

Ton angebendes „Drumherum"

Umgebende Materialien und Farben beeinflussen die Wahrnehmung von „Kühle" oder „Wärme": Technisch anmutendes Metall (polierter Edelstahl, mattes Zinn) unterstreichen die Kühle ebenso wie geradlinige Beton-Glas-Konstruktionen oder Anstriche in kühlen Farben.

Wollen Sie Ihrem modernen Balkon mehr Wärme und Gemütlichkeit verleihen, kaschieren Sie Geländer und Kanten mit weich fließenden und rundlichen Pflanzen in wärmeren Farbtönen.

Ihrem gemischt bepflanzten Balkonkasten schöne Gefäße, die jeweils mit nur einer Pflanzenart bestückt sind. Ob Topf oder Kübel, richtet sich nach der Größe der Pflanze. Wächst im Kasten eine zierliche, bläulich grüne Hänge-Konifere nach unten, gesellen Sie eine kegelförmig hochwachsende Pflanze gleicher Farbe im Kübel dazu. Schöne Pendants mit gleichen Blüten- oder Laubfarben, aber unterschiedlicher Erscheinungsform: buschige Lavendelsträucher, flankiert von graufilzigem Greiskraut; hier rosa, straff aufrecht wachsende Heide im Kasten, dort kompakte rosa Hortensien im Topf. Halten Sie sich in der Gesamtdekoration an den gleichen farblichen Schwerpunkt wie beim Kasten.

Klar getrennte Gruppen verschiedener Pflanzen. Was alle wie ein Schleier verbindet, ist der hohe Weißanteil in jeder Farbe.

Auswahl geeigneter Pflanzen

▸ **Silbrig graues Laub** Lavendel (*Lavandula angustifolia*), Stacheldraht (*Calocephalus brownii*), Silberblatt-Greiskraut (*Senecio cineraria*), Gefleckte Taubnessel (*Lamium maculatum*), Heiligenkraut (*Santolina chamaecyparissus, S. nea*poletana*), Wermut (*Artemisia absinthium*), Ruhrkraut (*Lonas annua*), Silber-Strohblume (*Helichrysum petiolare*), Woll-Ziest (*Stachys byzantina*).

▸ **Blaugrünes Laub** Salbei (*Salvia officinalis*), Weinraute (*Ruta graveolens*), Zwerg-Koniferen, Strauchveronika (*Hebe pinguifolia*), Blau-Schwingel (*Festuca glauca*), dazu als Kübelpflanze Eukalyptus (*Eucalyptus globulus*).

▸ **Kühle lila/rosa Blüten** Heidekräuter (*Erica, Calluna*), Hortensien (*Hydrangea*), Glockenblumen (*Campanula*), Geranien (*Pelargonium*), Sommerastern (*Callistephus chinensis*), Herbst-Astern, Blauer Kartoffelstrauch (*Lycianthes rantonettii*) im Kübel, Zier-Tabak (*Nicotiana × sanderae*), Blaue Mauritius (*Convolvulus sabatius*), Blaues Gänseblümchen (*Brachyscome iberidifolia*). ●

SMART

Sonnenscheu

In grellem Sonnenlicht „verschwinden" die hauchzarten Nuancen pastelliger Arrangements. Mildes oder diffuses Licht hingegen bringt ihre elegante Erscheinung voll zur Geltung.

Vornehmes Violett

Violett besteht aus einem Rot- und Blauanteil und liegt im Farbkreis genau zwischen den beiden Farben. Nun verhalten sich Blumen nicht wie Malfarben, die man nach Belieben mischen kann. Blumenfarben sind höchstens durch Beleuchtung aktiv veränderbar beziehungsweise durch Nachbarfarben zu beeinflussen. Was man als Violett bei Blüten vorfinden kann, tendiert mal mehr zu Rot, mal mehr zu Blau, ist mal rein und gesättigt, mal durch Beimischungen getrübt. Die Farbbezeichnungen in der Alltagssprache sind für detaillierte Nuancen unzureichend. So behilft man sich meist vage mit beschreibenden Vergleichen. Wundern Sie sich also nicht, wenn beim Pflanzenkauf Ihre Freundin steif und fest behauptet, diese Petunie sei blau, jene pink, obwohl Sie selbst sie als blauviolett und rotviolett bezeichnen würden und die Verkäuferin im Gartencenter sie veilchenblau und purpur nennt!

Dunkles mit Hellem ergänzen

Zu welchen Anteilen Violett im Einzelfall auch aus den genannten Primärfarben bestehen mag – man könnte sie in abgeschwächter Weise (mit Weiß zu pastelligem Rosa, Lila oder Hellblau aufgehellt) in der Umgebung des Pflanzkastens wiederholen. Man könnte zum Beispiel die Wände damit streichen. Farblich passende Möbelstücke und Dekoelemente ergänzen das Bild. So „punkten" Sie gleich doppelt: Sie demonstrieren Ihr Verständnis für Farbharmonie und die dunkle, schwer wirkende violette Blütenfarbe erhält durch die kontrastierende Helle eine gewisse Leichtigkeit und Eleganz. Dazu tragen natürlich auch helle Pflanzenpartner bei. In unserem Beispiel ist es silbergraues Laub, das über den Weißanteil mit den Pastelltönen verbunden ist. Alternative helle Hintergründe

Kleinblütige Surfinia-Petunien verweben sich mit dem Laub der Silber-Strohblume zu einem stimmungsvollen Arrangement.

Von Nahem betrachtet wird der Hell-Dunkel-Kontrast zwischen Violett und Grau noch stärker.

sind etwa Kalksandstein, weiß lasierte Holzwände, silbriges Metall, grauer Beton oder hellgelber Putz. Vor dunklen Wänden wirken violette Blumen unangenehm düster und traurig. Es müssten schon eine Menge weiße Blüten oder helle Blattpflanzen dazugesetzt werden, um diese Schwere aufzuheben! Damit würde sich die Ausstrahlung völlig verändern – die dezente, vornehme, fast feierliche Stimmung im Duett mit Grau wäre dahin.

Wichtig ist, dass nicht zu viele violette Blüten dicht nebeneinander stehen. Besser ist eine punktartige oder fleckenhafte Verteilung zwischen hellem Laub und vielleicht kleinen weißen Blütchen. Ideal für einen Kasten ist eine Mischung aus Arten mit ähnlichem Hängewuchs wie Surfinia-Petunien und Silber-Strohblume (*Helichrysum petiolare*), die sich gleichmäßig ineinander verweben. Je nach Platzangebot können weitere Kastenkompositionen und dekorative Solitäre im Kübel die Balkonszene bereichern. Passende Accessoires wie metallene Klangspiele, Skulpturen oder Blumenstecker sind „i-Tüpfelchen."

Dunkelviolette Blüten

Eine Auflistung graulaubiger Pflanzen finden Sie auf Seite 41. Tiefe Violett- und Blauviolett-Töne zeichnen folgende Pflanzen für Kasten und Kübel aus: Mehl-Salbei (*Salvia farinacea*), Blaue Fächerblume (*Scaevola saligna*), Petunien aller Arten und Gruppen, *Angelonia*, Männertreu (*Lobelia erinus*), Eisenkraut (*Verbena*), Glockenrebe (*Cobaea scandens*), Vanilleblume (*Heliotropium arborescens*), Leberbalsam (*Ageratum houstonianum*), Sommeraster (*Callistephus chinensis*), Lilientraube (*Liriope muscari*), dazu Sommerflieder (*Buddleja davidii*) im Kübel, außerdem Stiefmütterchen (*Viola × wittrockiana*), Duft- (*Viola odorata*) und Horn-

Veilchen (*V. cornuta*), Duft-Wicken (*Lathyrus odoratus*), Waldrebe (*Clematis jackmanii*), Tropischer Veilchenstrauch (*Tibouchina urvilleana*), Prunkwinde (*Ipomoea tricolor*), Sorten des Stauden- (*Delphinium*) und Sommer-Rittersporns (*Consolida ajacis*), Eisenhut (*Aconitum napellus*), Becherblume (*Nierembergia hippomanica*).

SMART

Deko-Tipp

Raritäten im Kübel wie ein Hochstämmchen vom Silberblatt-Greiskraut (*Senecio cineraria*) unterstreichen den feierlichen Charakter. Statt einer Unterpflanzung dekorieren Sie das Bäumchen mit violetten Satin- oder Organzabändern.

Aparte Leidenschaft

Hat Rot als reinbunte Farbe höchste Signalwirkung, lässt diese nach, je schwächer der Ton wird. Aber Rot ist stark! Ein auf Rot basierender Farbton muss sich sehr weit vom Ursprung entfernen, damit die Intensität nachlässt. In sehr hellem Pastellrosa, das schon fast weiß ist, scheint die Aktivität des Rot gebändigt. Anders die Töne, die näher am Rot sind. Bei Blumen gibt es eine ganze Reihe von etwas getrübten, aufgehellten oder abgedunkelten Rottönen, die von blaustichig bis gelbstichig reichen und zum Teil auch ins Bräunliche spielen. Man versucht, sie mit Begriffen wie Lachsorange oder Apricot, Koralle oder Rostrot zu umschreiben. Darunter sind allerdings viele verschiedene Nuancen zu verstehen. In allen schlummert noch ein Rest der ursprünglichen Kraft und Aktivität von Rot. Wer einen dieser gebrochenen Rottöne als Schwerpunkt für seine Balkonbepflanzung wählt, vermittelt dem Betrachter gezügelte Kraft und zurückgenommene Ausdrucksstärke.

Weniger ist mehr

Rot scheint stets auf den Betracher zuzukommen. Das erklärt auch die gute Fernwirkung. Auch die Farbwirkung der gebrochenen Töne ist immer noch so stark, dass große Mengen, vor allem auf engem Raum, leicht erdrückend wirken. Aber kleinere Einheiten, etwa einzelne blühende Kästen, die in ein Meer aus Grün eingebettet sind wie bei einer mit Efeu oder Wein berankten Fassade, wirken sehr apart. Besonders fein und elegant sind monochrome Kompositionen, die aus nur einer oder maximal zwei Pflanzenarten bestehen und die in klaren Gruppen angeordnet sind (siehe Abbildung rechts). So ist wie die Farbe auch die Formenvielfalt reduziert. Für kleine Balkone gibt es aber ebenfalls Lösungen. Suchen Sie aus der Palette der getrübten Rotmischtöne ein oder zwei Blumenarten

Schau genau!

Pflanzen zeigen oft mehr Farbtöne, als man auf den ersten Blick wahrnimmt. Blüten können einen Farbverlauf von innen nach außen oder einen kontrastreichen Schlund haben, sie können zweifarbig gestreift oder gesprenkelt sein oder ihre Farbe im Verblühen ändern.

Auch Blattwerk ist nicht immer einheitlich grün, es kann überhaucht oder gemustert mit Weiß, Creme, Gelb, Rot, Orange, Braun, Violett sein.

Einige Multicolor-Pflanzen tragen sogar entsprechende Namen: Wunderblume, Gauklerblume, Wandelröschen, Buntnessel, Buntblatt. Besondere Farbzüchtungen schlagen sich meist im Sortennamen nieder, zum Beispiel *Petunia × atkinsiana* 'Flambe Salmon', zart geflammt in Lachs und Creme.

in einem kräftigeren Ton aus. Diese sollen optisch im Mittelpunkt stehen. Als Begleitpflanzen wählen Sie verschiedene Arten, die schrittweise immer weniger Rot enthalten. Das kann zum Beispiel von Knollen-Begonien in leuchtendem Lachsorange bis hin zu Röschen in Champagner-Rosé gehen. Sie können sich entweder innerhalb des kühleren, bläulich roten Bereichs oder des wärmeren gelblich roten Bereichs bewegen. Oder Sie überbrücken die Grenze zwischen beiden mit feinem Gespür für die verbindenden Nuancen.

Viele Blüten, aber nur ein oder zwei Sorten mit unterschiedlichen Blütenformen, von Grün umrahmt – ein Hingucker auf dem Balkon!

Koralle, Lachs & Apricot

▸ Große Blüten Knollen-Begonien (*Begonia × tuberhybrida*), Kapuzinerkresse (*Tropaeolum majus*), Drillingsblume oder Bougainvillee (*Bougainvillea*) und Wandelröschen (*Lantana camara*) als Kübelpflanzen, Edellieschen (*Impatiens* Neuguinea-Grp.), die Blütentuffs von Englischen Geranien, Aufrechten und Hängenden Geranien (*Pelargonium grandiflorum, P. zonale, P. peltatum*), Federbusch-Celosie (*Celosia*

argentea var. *argentea*), Petunien (*Petunia × atkinsiana* und deren 'Surfinia'-Sorten), Godetie (*Clarkia amoena*), Isländischer Mohn (*Papaver nudicaule*), Rosensorten wie die 'Bernsteinrose' für den großen Kübel.

SMART

TIPP

Die zwei- und mehrfarbigen Exemplare sind hilfreich als „Verbindungspflanzen", wenn Sie auf Ihrem Balkon entsprechende Farbabstufungen gestalten möchten.

▸ Kleine Blüten Eis-Begonien (*Begonia*), Fleißiges Lieschen (*Impatiens walleriana*), Scheinmalve (*Anisodontea capensis*), Petunien (*Petunia integrifolia*) der 'Million Bells'-Serie, Wunderblume (*Mirabilis jalapa*), Doppelsporn (*Diascia barberae*), Zwergröschen (z. B. *Rosa chinensis*), Schmetterlingsblume oder Spaltgriffel (*Schizanthus × wisetonensis*), schmalblütige Fuchsien wie Scharlach-Fuchsie (*Fuchsia magellanica*) oder Korallen-Fuchsie (*F. fulgens*) sowie das Zigarettenblümchen (*Cuphea ignea*) mit seinen röhrenförmigen Blüten. ●

Nasenschmeichler

Wo kann man Pflanzendüfte besser genießen als auf einem windgeschützten Balkon? Die Kästen auf der Brüstung oder am Balkongeländer hängen in angenehmer Höhe: Im Vorbeigehen streift die Hand aromatische Blättchen, erschnuppert die Nase feine Blütendüfte. Große und kleine Kübelpflanzen umgeben den Sitzplatz,

Kräutertöpfchen zieren den Tisch. Duftende Ranker klettern am Wandspalier, Ampelpflanzen entsenden Duft von oben.

„Duft" ist relativ

Bei heißem Wetter und viel Sonnenschein duften manche Blätter, auch ohne berührt zu werden. Die in den

Öldrüsen enthaltenen ätherischen Öle verflüchtigen sich und umgeben die Pflanze mit einer Duftwolke. Unsere Duftwahrnehmungen sind zwar im einzelnen subjektiv, aber ein paar weitgehende Übereinstimmungen gibt es doch. Wer sagt schon von einer Rose, dass sie stinkt? Kritischer wird es bei den weniger süßen und eher

Vielseitige Mischung: *Pflanzen mit schönen Blüten, Pflanzen mit dekorativem Laub und Pflanzen mit Duft zusammen in einem Kasten.*

herben Duftnoten. So manchem Riechorgan ist schon Wermut und Weinraute unangenehm. Bei Zwiebel- und Knoblauchgeruch scheiden sich die Geister. Und vom schweren Parfum der Hyazinthen, Tuberosen (*Polianthes tuberosa*) und Lilien (*Lilium auratum, L. candidum, L. regale*) bekommen empfindliche Menschen sogar Kopfschmerzen. Trotzdem spricht nichts dagegen, Duft zum Schwerpunktthema einer Balkongestaltung zu machen.

Duftpflanzen überall

Nasenschmeichler sind unter winterharten Gehölzen und Stauden ebenso zu finden wie in der Gruppe der ein- und zweijährigen Sommerblumen, den mediterranen oder tropischen Kübelpflanzen und natürlich bei den aromatischen Küchen- und Gewürzkräutern (siehe Seite 78). Wenn Sie verschiedene „dufte" Pflanzen zusammen in ein Gefäß setzen wollen, sollten Sie beim Einkauf neben möglichst homogenen Pflegeansprüchen auch auf harmonierende Duftnoten achten.

Dafür stellen Sie zunächst eine Liste mit den unterschiedlichsten Duftpflanzen zusammen. Tipp: Gehen Sie zwischendurch einmal in ein gut sortiertes Gartencenter und machen Sie die Riechprobe. Wählen Sie geeignete Arten für bestimmte Gefäße und für die verschiedenen Positionen auf Ihrem Balkon aus, berücksichtigen Sie dabei sonnige und schattigere Standorte. Ergänzen Sie der Optik wegen auch Sommerblumen ohne Duft.

Betörende Duftpflanzen

Manchmal genügt schon eine Pflanze, um den intensiven Duft wahrzunehmen. Duftrosen und blühende Zitronen gehören dazu, ebenso die Engelstrompete (*Brugmansia arborea*), deren Blüten erst in der Dämmerung deutlich zu erschnuppern sind. Von kleineren Arten wie Vanilleblume (*Heliotropium arborescens*) und Duftsteinrich (*Lobularia maritima*) kann man dichte Büsche und Polster im Kasten verteilen. „Berühmt" für ihr Aroma sind blattduftende Küchenkräuter wie Thymian (*Thymus vulgaris*), Salbei (*Salvia*

Die Vanilleblume macht ihrem Namen alle Ehre, sie duftet süß und warm nach Vanille.

officinalis) oder Rosmarin (*Rosmarinus officinalis*). Die ätherischen Öle dieser Blattdufter hüllen bei Sonne den Balkon mit ihrem Duft ein. Besonders erwähnenswert sind die vielen Sorten der Duft-Geranien mit Minze-, Rosen- oder Apfelaroma. Bekannter sind die Blütendufter wie Duft-Veilchen, Nelken oder Goldlack (*Erysimum cheirii*). Aber auch Zweizahn und Blaues Gänseblümchen bieten Wohlgerüche für die Nase. ●

Extremstandorte
Sonne & Schatten

Manche mögen's heiß, andere fühlen sich nur im Schatten wohl. Die Auswahl geeigneter Pflanzen für Sonderstandorte ist neben der Frage des Gedeihens auch die einer gelungenen Gestaltung.

◄ **Sonnenanbeter & Trockenkünstler** Viele kommen als Gäste aus Südeuropa, Südafrika und Südamerika, aber es gibt auch ein paar einheimische „Strategen". Genau das Richtige für den heißen, sonnigen Südbalkon, wo viele andere Pflanzen versagen. Ob Topf oder Kasten – sandige Erde und ein guter Wasserabzug sind das A und O. Wärme speichernde Steine, Ton und Sand passen auch gestalterisch am besten zu den Fels- und Steppenbewohnern.

Pflanzenauswahl für die Sonne ► **Sukkulenten** wie Mittagsblume (*Delosperma, Dorotheanthus*), Fetthenne, Mauerpfeffer (*Sedum*), Steinbrech (*Saxifraga*), Hauswurz (*Sempervivum*), **Duftkräuter** wie Lavendel und Thymian, **Sommerblumen** wie Mittagsgold (*Gazania*), Sonnenflügel (*Helipterum*), **Gräser** wie Sand-Segge (*Carex arenaria*) und **Polsterstauden**, etwa Grasnelke (*Armeria maritima*), Schleifenblume (*Iberis*), Blaukissen (*Aubrieta*).

Schön im Schatten ▸ Besitzer eines schattigen Nordbalkons sollten auf jeden Fall von der Illusion Abschied nehmen, die gleichen bunten Blütenkaskaden zu erzielen wie am sonnigen Standort. Die Farben der Schattengewächse sind vielmehr von vornehmer Kühle und Frische geprägt: Blau, Violett, Rosa, Weiß – und nicht zu vergessen die schönen Blattschmuckstauden in vielen Sorten (siehe Seite 30ff.). Da die meisten viel Feuchtigkeit brauchen, sollte man möglichst große Gefäße mit entsprechendem Volumen für feuchtigkeitsspeichernde Erde wählen, bei Balkonkästen am besten solche mit Vorratsspeicher.

◂ Pflanzenauswahl für den Schatten Bauern-Hortensie (*Hydrangea macrophylla*), für große Kübel: Samt-Hortensie (*H. aspera* subsp. *sargentiana*) und Rispen-Hortensie (*H. paniculata*), Fuchsien-Sorten, Scharlach-Fuchsie (*Fuchsia magellanica*), Knollen-Begonie (*Begonia × tuberhybrida*), Fleißiges Lieschen und Edellieschen (*Impatiens*), Funkien (*Hosta*), Waldmarbel (*Luzula sylvatica*), Kriech-Spindelstrauch (*Euonymus fortunei*), Efeu (*Hedera helix*).

Naschen erlaubt!

Süße Erdbeeren, knackiger Salat, reife Tomaten, würziges Basilikum, aromatischer Rosmarin, frische Minze. Lust auf mehr? Schaffen Sie sich Ihre eigene kleine Küchengarten-Oase auf dem Balkon. Ob Obst, Gemüse, Kräuter im Balkonkasten oder Kübel – alles ist möglich.

Nur eines muss Ihnen klar sein: Mit einem Balkon-Küchengarten werden Sie nicht zum Selbstversorger. Die Gartenarbeit beschränkt sich auf Gießen und Düngen, es gibt kein Rasenmähen und kein Unkrautzupfen. Aber Sie haben genauso viel Freude an den Pflanzen wie in einem Garten. Probieren Sie es doch einfach mal aus!

Jeden Tag gibt es Neues zu entdecken. Hier ist eine neue Blüte aufgegangen, dort ist eine Frucht reif geworden, die endlich nach langem Warten gepflückt werden kann. Setzen Sie bunte Sommerblumen wie Dahlien und Studentenblumen zwischen Obst, Gemüse und Kräuter. So bekommt der Küchengarten viele fröhliche Farbtupfer!

Nutzen Sie die paar Quadratmeter, die Ihnen zur Verfügung stehen, und lassen Sie genügend Platz für eine gemütliche Sitzgelegenheit. So können Sie sich inmitten der gesamten Pracht von der Großstadt-Hektik entspannen. Eine kleine Insel mit duftenden und blühenden Kräutern ist wie eine Aromatherapie auf Balkonien.

Ernten Sie die Früchte Ihrer Arbeit, denn vom eigenen Balkon schmeckt es immer am besten.

Obst & Gemüse

Gemüse für Einsteiger

Leuchtend rote und gelbe Tomaten sehen nicht nur fantastisch aus – vom eigenen Balkon schmecken sie auch so! Den Reigen der unkomplizierten Gemüsearten erweitern knackig frische Radieschen und Paprikaschoten. Die Aussaat ist einfach. Wer sich diesen Arbeitsgang sparen möchte, kann im Frühjahr Jungpflanzen in Gartenmärkten erwerben. Bei guter Pflege werden Ihnen die drei Gemüsearten im Sommer eine gute Ernte bescheren.

Knackige Radieschen

Radieschen (*Raphanus sativus*) gedeihen in Balkonkästen, die sonnig oder leicht schattig stehen. Ab Mitte März werden je zwei Samen im Abstand von 5 cm in sandig-humose Erde ausgesät. Um den ganzen Sommer frische Radieschen ernten zu können, wird alle zwei Wochen neu ausgesät. Achten Sie darauf, dass die Pflänzchen nicht zu dicht stehen. Bei regelmäßiger Wasserzufuhr gedeihen die Radieschen so gut, dass sie schon nach vier Wochen aus der Erde gezogen werden können.

Sonnenverwöhnte Tomaten

Tomaten (*Lycopersicum esculentum*) lieben einen sonnigen Standort. Große oder kleine, gelbe oder rote Früchte – dem Hobbygärtner sind hier keine Grenzen gesetzt. Beachten Sie jedoch, dass Tomaten viel Platz in Anspruch nehmen können, während sie wachsen. Balkon- oder Buschtomaten sind für kleine Balkone bestens geeignet, da sie einen kompakteren Wuchs haben als ihre Verwandten für den Garten. Steht mehr Platz zur Verfügung, kann man auch ein oder zwei Gartentomaten auf den Balkon holen. Hier müssen die Seitentriebe entfernt ("ausgegeizt") werden. Mit speziellen Tomatenspiralen oder Bambusstäben können die Pflanzen gestützt werden.
▸ **Ab Mitte Mai** an einen sonnigen, windgeschützten Platz auf den Balkon stellen.

Knackig-frische Radieschen sind reif für die Ernte.

▶ **Beim Eintopfen** einen hohen Gießrand lassen, der später noch angehäufelt wird. So werden mehr Wurzeln ausgebildet, die Wasser und Nährstoffe aufnehmen können.

▶ **Bei Fruchtansatz** regelmäßig düngen.

▶ **Blütenendfäule:** Braune, ledrige Stellen auf der Unterseite der Früchte entstehen durch unregelmäßiges Gießen und Kalziummangel.

▶ **Braunfäule:** (*Phytophtora infestans*): Pilzkrankheit. Blätter verfärben sich braun, die Stiele schwarz, braungrüne Flecken auf den Früchten. Befallene Pflanzenteile entfernen.

Perfekte Partner für Tomaten: Thymian und Basilikum.

Wärmeliebende Paprika

Paprika (*Capsicum annuum*) ist eine der ältesten Kulturpflanzen der amerikanischen Ureinwohner. Es gab bereits viele Formen, als die Paprika um 1500 als Nutzpflanze in Europa eingeführt wurde. Heute kennt man glockenförmige oder lang gestreckte Früchte, deren Farbe von blassgrün über rot bis schwarz changiert. An einem warmen, sonnigen Platz entwickeln sich die Pflanzen besonders gut. Die scharfe Verwandte der Paprika ist die Peperoni. Sie benötigt noch mehr Wärme, um die typische Schärfe zu entwickeln.

▶ **Die Pflegeansprüche** ähneln denen der Tomate.

▶ **Paprikaschoten** können grün geerntet werden, sobald sie glänzen. Sie sind dann zwar noch nicht reif, durch die frühzeitige Ernte wird jedoch der Fruchtansatz erhöht. ●

Balkongast Salat

Salat braucht wenig Platz und wächst schnell, er ist daher hervorragend für den Anbau auf dem Balkon geeignet. Ungeduldige Balkongärtner können Salat schon sechs Wochen nach der Aussaat ernten. Der Salatnachschub will sorgfältig geplant sein. Damit den ganzen Sommer über frischer Salat auf den Tisch kommt, sollte bis Juli etwa alle 14 Tage in neue Töpfe nachgesät werden.

Salat ist nicht gleich Salat

Auf jedem Balkon kann Salat (*Lactuca sativa*) in Kästen oder Töpfen wachsen. Er verträgt sowohl Sonne als auch Halbschatten. Im Sommer muss man aufgrund der großen Blattfläche ausreichend gießen. Ab März können Sie selbst aussäen oder einfach Jungpflanzen verschiedener Sorten kaufen.

▸ **Kopfsalat** wird am besten in Töpfen von mindestens 15 cm Durchmesser gezogen und ist nach zehn bis zwölf Wochen erntereif.

▸ **Pflücksalat** bildet keine Köpfe aus und ist besonders für Kästen geeignet. Etwa sechs Wochen nach der Aussaat können die äußeren Blätter gepflückt werden. Der innere Teil der Pflanze wächst nach (z.B. die Sorte 'Amerikanischer Brauner').

▸ **Schnittsalat** unterscheidet sich von Pflücksalat darin, dass die Blätter geschnitten werden. Wenn Sie nicht zu tief abschneiden, treiben die Pflanzen noch einmal nach (z.B. die Sorte 'Krauser Gelber').

▸ **Bataviasalat** hat fein gekrauste Blattränder. Er wird wie Pflücksalat geerntet. Die bekanntesten Sorten sind 'Lollo Rossa' mit roten und 'Lollo Bionda' mit gelbgrünen Blättern.

▸ **Eichblattsalat** kann man wie Schnitt- oder Pflücksalat ernten. Die grünen oder braunen Blätter haben gelappte Blattränder ('Salad Bowl').

▸ **Römischer Salat** ist ein lockerer Kopfsalat, der wie Schnittsalat nach vier Wochen geerntet werden kann (beispielsweise 'Little Gem').

Würzige Rauke

Schon im Altertum war Rauke oder Rucola (*Eruca sativa*) als Kulturpflanze bekannt. Sie ist anspruchslos und lässt sich problemlos auf dem Balkon kultivieren. Ab April kann sie in Balkonkästen ausgesät werden. Eine Nachsaat ist zu empfehlen.

Noch mehr „schnelles Gemüse"

Gartenkresse: als Füllpflanze verwendbar, den ganzen Sommer über nachsäen.

Portulak: würzig, in Salatmischungen verwenden, anspruchslos, Nachsaat alle drei Wochen.

Mini Pak Choi: erntereif nach vier bis sechs Wochen, Nachsaat, roh oder gekocht schmackhaft.

Salatvielfalt auf Balkonien mit Römischem Salat, Eichblattsalat und 'Lollo Bionda'.

Die Kultur wird wie Salat gleichmäßig feucht gehalten. Geerntet wird von außen nach innen, sobald die Blätter etwa 5 cm lang sind. Der scharfe Geschmack der Rauke verleiht Salaten ein würziges Aroma, sie kann aber auch wie Spinat zubereitet werden.

Alles in einem Topf

Salat, Salatkräuter und essbare Blüten passen nicht nur in der Salatschüssel zusammen, sondern auch im Topf. In die Mitte eines Topfes werden zwei Pflücksalatpflanzen, eine Schnittlauch-

SMART

Salat anmachen

› **Die klassische Vinaigrette** besteht aus 2 EL Essig, 6 EL Öl, Salz und Pfeffer.
› **Ein Joghurtdressing** ist schnell aus 150 g Joghurt, Salz, Pfeffer, 2 EL Öl und 2 EL Essig gerührt
› **Fügen Sie** nach Belieben Kräuter oder Senf hinzu.
› **Schärfe bringen** Basilikumblüten und junge Früchte von Koriander und Kapuzinerkresse.

staude und zwei Ringelblumen gesetzt. An den Rand passen noch Petersilie und Gewürz-Tagetes. Die Blütenblätter von Ringelblume und Gewürz-Tagetes machen auch den Salatteller bunt (siehe Seite 94).

Fit mit Sprossen

Sprossen bersten geradezu vor Mineralien und Vitaminen. Besonders beliebt sind Kresse-, Alfalfa- und Senfsprossen. Mit Hilfe von Keimgläsern bzw. Keimapparaten können sie am Küchenfenster ganz leicht gezogen werden. Die Sprossen sind je nach Art nach drei bis sieben Tagen verzehrfertig. Einfach über den Salat streuen und genießen. Sprossensamen und Zubehör gibt es im Reformhaus. ●

Schmackhafte Kletterkünstler

Kletterpflanzen erfreuen sich auf Balkonen großer Beliebtheit. Auch unter den Nutzpflanzen gibt es eifrige Kletterer. Einjährige Gemüsearten und mehrjährige Obstgehölze können an Spalieren emporwachsen. So befinden sich Blüten und Früchte in bequemer Höhe zum Ernten und Genießen.

Kletterndes Gemüse

Einige Gemüsearten wie Bohnen, Erbsen und Gurkengewächse bilden dichtes Laubwerk aus, das als Sicht- und Sonnenschutz dienen kann. Gurken und Bohnen lieben einen sonnigen, windgeschützten Platz. Erbsen mögen es lieber halbschat-

tig. Achten Sie beim Kauf auf mehltautolerante bzw. -resistente Sorten. Klettergemüse braucht Rankhilfen wie Schnüre oder Stäbe, an denen es sich festhalten kann. Idee: Lassen Sie Gurken doch mal an der Balkonbrüstung entlangranken!

▸ **Gurke** (*Cucumis sativus*): Wer liebt ihn nicht, den erfrischenden Salat aus grünen Gurken und Dill! Diese beiden vertragen sich übrigens nicht nur im Salat gut miteinander, sondern auch im Topf. Dill intensiviert den Geschmack der Gurkenfrüchte. Pro Topf (mind. 30 cm Durchmesser) werden ab Mitte Mai drei Samen gelegt. Der kräftigste Sämling bleibt stehen. Gurken

schmecken am besten, wenn sie nicht größer als 20 cm sind.

▸ **Zuckererbsen** (*Pisum sativum*): Erbsen sind mit den Wicken verwandt und bilden ähnlich schöne Blütenstände aus. Ab Mitte April in Kästen oder große Töpfe aussäen. Um einer Mehltau-Infektion vorzubeugen, sollten die Pflanzen nicht zu dicht stehen. Die ersten Schoten können schon nach etwa acht Wochen geerntet werden. Danach wird laufend geerntet, bevor sich die Schoten aufblähen.

▸ **Hyazinthbohne** (*Dolichos lablab*): Die tropische Bohne setzt Akzente mit lilafarbenen Blüten und Früchten. Ab Mitte Mai in große Töpfe aussäen. Regelmäßig junge Früchte ernten, solange sie noch zart sind. Die Bohnenkerne dürfen nicht roh verzehrt werden!

Kletterndes Obst

Brombeeren und Wein sorgen für eine langjährige Zierde an Wänden und Spalieren. Immergrüne Brombeeren behalten ihr grünes Kleid auch im Winter. An der

Kletterhilfen und Stützen

Schnüre und Drähte können von der Brüstung zur Decke gezogen werden. Geeignet für Erbsen, Bohnen und auch Gartentomaten.

Stäbe gibt es in verschiedenen Größen und Materialien. Geeignet für Erbsen, Wein und als Stütze für Tomaten.

Rankgitter und Spaliere können fertig im Handel gekauft werden. Wichtig für Brombeeren und Spalierobst.

Hauswand können die Klettergehölze problemlos überwintert werden. Die Triebe sollten dann jedoch mit Jutegewebe oder Zeitungspapier locker abgedeckt werden.

▸ **Brombeere** (*Rubus fruticosus*): Die großen, dunklen Beeren schmecken besonders gut, wenn sie frisch geerntet werden. Für die Topfkultur sind stachellose Sorten wie 'Thornless' oder 'Loch Ness' zu empfehlen. Brombeeren tragen am vorjährigen Holz. Jedes Jahr werden neue Ruten aus der Basis gebildet, die an einem Drahtgerüst festgebunden werden. Die fruchttragenden Ruten werden nach der Ernte über dem Boden abgeschnitten.

Sichtschutz „zum Anbeißen" bieten Wein und Kürbis.

SMART

Gurkenfreuden

› **Veredelte** Gurkenpflanzen sind robuster als Sämlinge.
› **Nach dem sechsten** Laubblatt die Triebspitze entfernen: So werden bessere Tragranken gebildet und der Fruchtansatz der Seitentriebe wird gefördert.
› **Gurken** können mit Tomatendünger gedüngt werden.

▸ **Wein** (*Vitis vinifera*): Die süßen, weißen oder blauen Trauben werden im Spätsommer geerntet. Achten Sie beim Kauf auf mehltauresistente Sorten. Die Reben brauchen einen großen Kübel. Weinreben sind sehr pflegeaufwändig, denn neben dem Stäben der Haupt- und Seitentriebe sind im Laufe eines Jahres mehrere Schnittmaßnahmen durchzuführen.

▸ **Maracuja** (*Passiflora edulis*): Die Kübelpflanze mit den großen, auffallenden Blüten verträgt im Sommer einen vollsonnigen Standort. Sie ist nicht winterhart und benötigt ein helles, warmes Winterquartier. Im Frühjahr wird die Pflanze kräftig zurückgeschnitten. ●

Spannendes für
junge Balkongärtner

Das Auslegen eines Samenkorns und die sich entwickelnde Pflanze bergen nicht nur für Kinder etwas Faszinierendes. Mit kleinen Gartengeräten und Gießkannen werden Kinder zu passionierten Balkongärtnern. Ein Naschbalkon ist genau das Richtige für kleine Naschkatzen.

Alles kann ohne Gefahr beschnuppert, probiert und gekostet werden. Binden Sie Ihre Kinder am besten bei der Pflege der Balkonpflanzen mit ein. Kleine Kinder helfen schon gern beim Gießen. Mit einem eigenen kleinen Blumenkasten, in dem Pflänzchen ausgesät, gepflegt und geerntet werden können, lernen Kinder den Kreislauf der Natur kennen. Radieschen, Bohnen und Kapuzinerkresse wachsen schnell und sind bestens für ungeduldige Balkongärtner geeignet. Tomaten, Salat und einjährige Küchenkräuter brauchen schon etwas länger zum Keimen und Wachsen. Die Samen von Kapstachelbeere und Zuckermais müssen schon im März auf der Fensterbank ausgesät werden, damit sie zu Beginn der Balkonsaison im Frühling kräftig genug sind, um Blüten zu treiben und Früchte anzusetzen.

◀ **Süße Erdbeeren** (*Fragaria × ananassa*) in Kästen wachsen direkt in die kleinen Münder. Monats-Erdbeeren blühen und fruchten den ganzen Sommer über (siehe auch Seite 72). Erdbeerpflanzen im Frühjahr oder Herbst in Erdbeertöpfe oder Balkonkästen an einen sonnigen bis halbschattigen Platz setzen. Schimmelige Blätter und Früchte entfernen. Nach der Ernte düngen. An der Hauswand geschützt überwintern. Im Frühjahr welkes Laub entfernen.

▶ **Kletternde Feuerbohnen**
(*Phaseolus coccineus*) wachsen
schnell gen Himmel, wenn sie
ab Mitte Mai in große, tiefe
Töpfe gesät werden. Eine Kletterhilfe aus gespannten Dräh-
ten oder Stäben, die mit den
Samen in die Erde gesteckt
werden, ist wichtig. Werden
sie regelmäßig gegossen und
gedüngt, zeigen Feuerbohnen
im Sommer ein wahres Feuerwerk aus roten Blüten. Einige
Sorten blühen auch zweifarbig
in rot und weiß. Die jungen
Früchte können sogar gegessen
werden, sollten aber vorher
gegart werden. Die rötlichen
Samen sind schwarz gesprenkelt.

◀ **Lustige Kapstachelbeeren**
(*Physalis peruviana*) verstecken
ihre orangen, runden Früchte in
kleinen Lampions, die sich im
September goldbraun färben.
Dann sind die Früchte auch reif.
Doch bevor es so weit ist, müssen die Samen ab März auf der
Fensterbank ausgesät werden.
Die kleinen Pflanzen stellt man
erst ab Ende Mai an einen sonnigen Platz auf dem Balkon. Sie
brauchen alle 14 Tage Dünger
und besonders an heißen Tagen
viel Wasser. Achtung: Die kälteempfindliche Pflanze vor
Nachtfrösten im Herbst mit
Zeitungspapier schützen!

SPEZIAL

Kohl im Kasten

Das Interesse an Balkongemüse ist in den letzten Jahren ständig gestiegen. Für den Küchengarten in Kübel und Kasten bietet auch die Gruppe der Blattgemüse eine sehr reichhaltige Auswahl. Im Freilandanbau mag es eher auf den Nutzwert im Sinne der Nahrung ankommen. Für ambitionierte „Balkonier" spielt die optische Erscheinung meist eine ebenso wichtige Rolle. Der Balkon ist ja für viele im Sommer das erweiterte Wohnzimmer — und das soll so ansprechend wie möglich gestaltet sein.

Gemüse zum Dekorieren

Die Favoriten unter den Blattgemüsen sind natürlich solche Sorten, die neben dem Nutzen auch einen besonders dekorativen Aspekt bieten. Nun ist Rotkohl an sich schon eine imposante Erscheinung. Die runde Form mit den blumenartig aufgeklappten Randblättern ist ohne Zweifel ein Hingucker im Topf. Die changierenden Farben zwischen bereiftem Violett und Blau-

grün passen hervorragend in ein Umfeld mit grau grünen und rosa Elementen. So kann ein einfacher Kohlkopf durch verbindende Farbtöne elegant ins Ambiente des Balkons integriert werden. Das gilt für alle anderen ausladenden Kohlarten und Salate, die feste Köpfe ausbilden und deshalb sinnvol-

lerweise einzeln in Töpfen und Kübeln kultiviert werden. Eine Pflanze für sich beansprucht schon 60 cm im Quadrat. Es ist klar, dass für ein Arrangement mit mehreren solcher „Platzfresser" nur ein entsprechend breiter Balkon in Frage kommt. Besticht der eine Kohl durch glatte, schimmernde Blätter,

Grünes & buntes Gemüse für Balkonien

Kopfkohl: lange Kulturzeit, regelmäßig wässern und düngen, hoher Platzbedarf

Blumenkohl, Brokkoli: große Kübel, langsames Wachstum, Starkzehrer, regelmäßige Wassergaben, Köpfe bleiben kleiner als im Freiland, weiße, grüne und violette Sorten

Kohlrabi: Jungpflanzen für Eimer und Kübel, weiß und violett

Mangold, Stielmangold: als Solitär bis 80 cm hoch, sonst kleiner; farbenprächtige Sorten (siehe Porträt Seite 66)

Kopfsalat: Jungpflanzen in breite Balkonkästen versetzt pflanzen, 20 bis 30 cm Abstand

Schnittsalat, Pflücksalat: einfache Kultur für Töpfe und Balkonkästen, aussäen ab März direkt ins Gefäß, schnelle Reife, lange Erntezeit, schöne Farbsorten und attraktive Blattformen (siehe Seite 58)

macht beim anderen die krause Struktur den besonderen Reiz aus. Ein absolutes Highlight sind die auffälligen Sorten des Stiel-Mangold mit cremeweißen, orangegelben oder feurig roten Blattrippen. Solche ins Auge springenden Pflanzengestalten fordern Fantasie und Kreativität heraus. Lassen Sie zum Beispiel den rotstieligen Mangold über einem Arrangement aus rotblühenden und -fruchtenden Pflanzen thronen, beispielsweise Dahlien, Geranien, Erdbeeren, Tomaten, Paprika, Feuer-Salbei (*Salvia splendens*), Buntnessel (*Solenostemon scutellarioides*) und Rosen.

Gemüse zum Essen

Wer mehr Gewicht aufs Ernten legt, pflanzt lieber Pflücksalat (siehe Seite 58). Er ist auch in größeren Mengen für den Balkonkasten geeignet. Einer relativ kurzen Kulturzeit folgt eine langgezogene Erntezeit von etwa Mai bis Oktober. Geerntet werden wie auch beim Mangold die äußeren Blätter, die Pflanze treibt von innen laufend neue nach. Sofern man nicht ausschließlich auf eine Ernte

Unter den Blattgemüsen gibt es verschiedene Farben und Strukturen, die sich reizvoll mit Blüten und Früchten kombinieren lassen.

aus ist, macht es Spaß mitzuerleben, wie sich aus einem zarten Sämling langsam, aber stetig ein dicker Rotkohl-Kopf entwickelt oder ein Lollo rosso-Salat in Blüte „schießt" — hätten Sie gewusst, dass er kleine, fahlgelbe Blüten ausbildet? Alle Gemüse benötigen

einen warmen sonnigen, wind- und regengeschützten Standort, nährstoffreiche und durchlässige Erde mit gutem Wasserabzug. Sie verlangen regelmäßige Wassergaben und von Zeit zu Zeit eine Lockerung der durchs Gießen verfestigten Erdkruste.

Übrigens …

… ist selbst gezogener Zier-Kohl (*Brassica oleracea*) in Creme-Grün und Violett-Grün essbar, wenn auch der optische Genuss in Kästen und Pflanzschalen Vorrang

hat. Die im Herbst in den Blumengeschäften angebotenen Exemplare sollten aber wegen möglicher Spritzungen nicht verzehrt werden.

Besonderes auf Balkonien

Mit ausgefallenen Gemüsearten wird's nie langweilig auf dem Balkon.

Viele Gemüsearten und -sorten haben außergewöhnliche Blüten oder Blattfarben und -formen. Die gekrausten Blätter des Grünkohls können grün-blau oder rot bereift sein. Doch nicht nur der Grünkohl, sondern auch andere Vertreter dieser abwechslungsreichen Familie der Kohlgewächse haben ein ansprechendes Äußeres. Kohlrabipflanzen der Sorte 'Blusta GS' haben blauviolett gefärbte Stiele und Knollen. Der Rosenkohl bezaubert durch seine kleinen Kohlköpfe, die spiralig um den Stamm angeordnet sind. Der Romanesco, eine Abart des Blumenkohls, beeindruckt mit seinen türmchenartigen Blütenständen. Und der aus Asien stammende Pak Choi zeigt mit seinen sattgrünen Blättern und den schneeweißen Stängeln starke Kontraste. Die leuchtend dunkelroten Blattstiele vom Mangold ('Rhubarb Chard') oder die sonnengelben Zucchini bringen Leben ins grüne Gemüseeinerlei. Experimentieren Sie mit außergewöhnlichen Fruchtformen. Zucchini und Auberginen gibt es beispielsweise nicht nur in der lang gestreckten Form, sondern auch als kleine Kugeln (Zucchini-Sorte 'Rondini'). Kürbisse gibt es in Form kleiner „fliegender Untertassen" (Patissonkürbis). Selbst die Blüten der meisten Fruchtgemüse können ohne Weiteres mit denen der Sommerblumen konkurrieren. Die großen Zucchini- und Kürbisblüten sind buttergelb, die der Auberginen erscheinen in einem zarten Lila. Aber auch die reifen Früchte können Farbe ins Spiel bringen! Wie wäre es mit purpurroten, schwarzen und gelben Bohnenhülsen, weißen und gestreiften Auberginen, gelben und rot gestreiften Tomaten ('Tigerella') oder schwarzen Paprikaschoten ('Purple Bell')? Probieren Sie es doch mal aus!

Mangold

Beta vulgaris var. cicla

▶ **Standort:** sonnig bis halbschattig

▶ **Aussehen:** Die leuchtend gelben, weißen oder dunkelroten Blattstiele der Mangold-Sorten erfreuen Auge und Gaumen.

▶ **Pflege:** Ab April in Töpfe mit sandig-humosem Substrat säen und auf den Balkon stellen. Beim Pikieren einen Pflanzabstand von etwa 15 cm einhalten. Regelmäßig gießen und alle 14 Tage mit Dünger versorgen.

▶ **Ernte:** Äußere Blätter im Sommer regelmäßig abschneiden. In milden Lagen ist die Ernte auch im Winter und Frühjahr möglich.

▶ **Tipp:** Die Blätter können wie Spinat verwendet werden.

Summer Squash-Kürbis

Cucurbita pepo

▸ **Standort:** sonnig

▸ **Aussehen:** Summer Squash-Kürbisse haben dekorative Früchte, einige sehen sogar wie kleine Ufos aus.

▸ **Pflege:** Ab Mitte Mai aussäen. Bei Fruchtansatz regelmäßig düngen. Im Sommer häufig gießen. Verblühte Blüten von den Früchten entfernen, um Fäulnis zu verhindern. Auf Mehltaubefall achten.

▸ **Ernte:** Die Kürbisse sind erntereif, wenn die Schale hart ist und der Stiel leicht bricht.

▸ **Tipp:** Empfehlenswerte Sorten sind 'Patina', 'Pattipan', 'White Bush', 'Turk's Turban'.

Aubergine

Solanum melongena

▸ **Standort:** vollsonnig, geschützt

▸ **Aussehen:** Die Aubergine ist eine ausgesprochene Sonnenanbeterin, die nur in warmen Lagen gut gedeiht.

▸ **Pflege:** Haupt- und Seitentriebe einkürzen, sobald die Pflanzen 30 cm hoch sind. Bei Fruchtansatz Tomatendünger in die Erde einarbeiten. Die Mischkultur mit Studentenblumen schränkt Blattlausbefall ein.

▸ **Ernte:** Auberginen im September ernten, sobald die Früchte violett gefärbt und ca. 12 cm lang sind.

▸ **Tipp:** Auf kleinfrüchtige Sorten wie 'Easter Egg' zurückgreifen.

Grünkohl

Brassica oleracea var. sabellica

▸ **Standort:** sonnig bis halbschattig

▸ **Aussehen:** Die gekrausten, bereiften Blätter sehen apart aus.

▸ **Pflege:** Ab April Samen einzeln in Töpfchen säen. Ab Mai in größere Töpfe pflanzen. Mitte September junge Triebe herausdrehen. Auf Eigelege vom Kohlweißling auf der Blattunterseite achten.

▸ **Ernte:** Das Aroma entfaltet sich erst nach den ersten Frösten. Ernten Sie junge Blätter aus der Krone.

▸ **Tipp:** Bei gutem Winterschutz kann auch noch im Winter geerntet werden.

Besonderes

Mediterrane Gäste

Orangen- und Feigenbäumchen in Kübeln gibt es seit dem Barockzeitalter. Während des Barock wurden Orangerien angelegt, in denen die mediterranen Kübelpflanzen überwintern konnten. Auf dem Balkon gedeihen die Pflanzen gut an einem sonnigen bis halbschattigen Standort.

Süße Feigen frisch vom Balkon und getrocknet vom Markt.

Orangen und Zitronen

Den Urlaub im Süden verbindet man unweigerlich mit Zitronen- und Orangenblüten. Zitrusfrüchte können problemlos aus Samen gezogen werden, doch blühen diese Pflanzen sehr spät und tragen selten Früchte. Möchten Sie Früchte ernten, sollten Sie ein kleines Bäumchen kaufen. Die Reifezeit der Früchte dauert etwa sechs bis acht Monate. Die Früchte können danach bis zu vier Monate lang am Baum hängen bleiben.

▸ **Kumquats** (*Fortunella margarita*): Für Einsteiger ist die kleinfrüchtige Kumquat die ideale Zitruspflanze. Das kleine Bäumchen trägt reichlich Früchte. Probieren Sie eine selbst gemachte Marmelade aus der garantiert unbehandelten Schale samt Fruchtfleisch.

▸ **Calamondin-Orangen** (× *Citrofortunella mitis*): Die Kreuzung aus Sauer-Mandarine und Kumquat trägt kleine Früchte, die lange am Bäumchen bleiben können, ohne an dekorativer Wirkung einzubüßen.

Süße Feigen

Die Feige (*Ficus carica*) ist eine alte Kulturpflanze, die um 700 v. Chr. in den Mittelmeerraum eingeführt wurde. Die Wildfeigen sind für ihren einzigartigen, jedoch komplizierten Befruchtungsvorgang mit Hilfe von kleinen Gallwespen bekannt. Mittlerweile gibt es selbstfruchtbare Sorten, die für den Anbau unter unseren Bedingungen infrage kommen. Die Feigen sind erntereif, sobald sie auf Druck nachgeben. Die Früchte werden im Spätsommer gebildet und müssen im Winter während der Reife geschützt werden. Für eine reiche Ernte sind Schnittmaßnahmen nötig: Im Herbst wird an den Haupttrieben jeder zweite fruchttragende Seitentrieb auf ein Auge eingekürzt. Im Sommer werden die neuen Triebe nach vier bis fünf Blättern gestutzt. Zwischen den Trieben sollte man einen Abstand von 15–20 cm einhalten und überzählige Triebe entfernen, damit Licht und Luft in das Pflanzeninnere dringen und die Früchte besser reifen.

Zitrusbäumchen bringen den Sommer auf den Balkon.

Feigen und Zitrus pflegen

▸ **Erde:** Damit das Substrat durchlässiger wird, sollte man einen Teil Kies oder Sand beifügen. So kann überschüssiges Wasser abfließen. Im Handel ist Zitruspflanzenerde erhältlich, die sich besonders für mediterrane Kübelpflanzen eignet.

▸ **Gießen:** Erst dann kräftig gießen, wenn die obere Erdschicht abgetrocknet ist.

▸ **Düngen:** Alle 7 bis 14 Tage Universaldünger geben. Zitrusdünger hilft Eisenmangel vorzubeugen.

▸ **Winterschutz:** In Hausfluren, hellen Kellern oder Garagen können Zitrusgewächse hell und kühl überwintert werden. Der Kältereiz ist notwendig, um neue Blüten treiben zu können. Töpfe trocken halten und nicht düngen. Feigenbäumchen im Herbst so lange wie möglich im Freien lassen.

SMART

Gegen Plagegeister

› **Schildläuse** sind hartnäckig, denn sie sitzen mit ihrem Nachwuchs unter kleinen braunen oder gelben Schilden an der Pflanze.

› **So geht's:** Pflanzenöl mit Hilfe eines Pinsels auf der gesamten Pflanze sorgfältig verteilen, nach 24 Stunden mit einer leichten Seifenlauge abspülen.

Freche Früchtchen

Sauer macht lustig. Nicht nur Zitronen, sondern auch Früchte, die in unseren Breiten wachsen, etwa Stachelbeeren und Johannisbeeren, haben einen erfrischend säuerlichen Geschmack. An einem sonnigen bis halbschattigen Standort fühlen sich Beerensträucher wohl. Beerenobst braucht nicht so viel Raum wie Baumobst. Als Stämmchen können sie sogar mit Kräutern unterpflanzt werden.

Vitaminreiche Johannisbeeren

Man unterscheidet zwischen schwarz-, rot- und weißfrüchtigen Johannisbeeren. Im Handel werden oft Stämmchen angeboten. Johannisbeeren werden bis zu 1,20 m hoch. Im Frühjahr wird ein kalibetonter Dünger gegeben. Ab Juli kann geerntet werden.

▸ **Rote und Weiße Johannisbeeren** (*Ribes rubrum*) tragen am zweijährigen Holz. Im Sommer werden kleine und überzählige Triebe auf 10 cm über dem Haupttrieb zurückgenommen.

▸ **Schwarze Johannisbeeren** (*Ribes nigrum*) tragen am einjährigen Holz. Im Herbst werden die abgetragenen Ruten kräftig zurückgeschnitten. Dabei werden schwache Triebe vollständig entfernt. Die Früchte haben einen sehr hohen Vitamin-C-Gehalt.

▸ **Jostabeeren** (*Ribes × nidigrolaria*) sind eine Kreuzung aus Schwarzer Johannisbeere und Wild-Stachelbeere. Die Beeren sehen aus wie große Johannisbeeren. Sie sind resistent gegenüber dem Amerikanischen Stachelbeermehltau. Jostabeeren tragen wie die Schwarzen Johannisbeeren am einjährigen Holz.

Herbe Stachelbeeren

Stachelbeeren (*Ribes uva-crispa*) sind eng mit den Johannisbeeren verwandt. Vorsicht bei der Handhabung – die Pflanzen haben stachelige Triebe! Stachelbeeren werden bis zu 90 cm hoch. Sie dürfen nicht zu trocken und zu heiß stehen. Die Sträucher tragen am zweijährigen Holz. Nach der Ernte werden die alten abgetragenen Ruten über dem Boden entfernt. Stachelbeeren können zweimal beerntet werden. Mit der ersten Ernte werden die Früchte ausgedünnt, sodass die zurückbleibenden Früchte besser ausreifen können. Die vorab geernteten Früchte werden zu Kuchen oder

Zum Vernaschen gut

Kaltgerührte Johannisbeermarmelade: Zu gleichen Teilen Johannisbeeren und Gelierzucker in einem Mixer 15 min pürieren. Hält sich 14 Tage im Kühlschrank.

Kiwi-Granita: 1 l Wasser mit 250 g Zucker und Saft von zwei Zitronen 2 min kochen, dann abkühlen lassen, 600 g klein geschnittene Kiwis im Mixer pürieren und mit dem Zuckersirup mischen, für zwei Stunden in das Gefrierfach stellen, zwischendurch umrühren.

Schnell gepflückt und frisch verzehrt – das schmeckt!

Kompott verarbeitet. Die Früchte der zweiten Ernte kann man frisch genießen.

▸ Amerikanischer Stachelbeermehltau (*Sphaerotheca morsuvae*): Pilzkrankheit, die auf Trieben, Blättern und Früchten einen weißen Belag verursacht, der später braun wird. Die Krankheit kann bei weniger anfälligen Arten durch einen starken Rückschnitt bis ins gesunde Holz aufgehalten werden. Fragen Sie beim Kauf nach mehltauresistenten Sorten.

Kiwis im Miniformat

Die winterharte Kiwi mit kleinen, glattschaligen Früchten (*Actinidia arguta*) ist verwandt mit der allseits bekannten, behaarten Kiwi (*Actinidia chinensis*), die nur in sehr milden Lagen winter-hart ist. An einem vollsonnigen, geschützten Standort reifen die kleinen Früchte gut aus. Kiwis sind Kletterpflanzen, die unbedingt ein Gerüst zum Klettern brauchen. Beide Arten sind zweihäusig, das heißt, dass man für die Fruchtbildung sowohl eine männliche als auch eine weibliche Pflanze auf dem Balkon bereitstellen muss. Einige Gärtnereien bieten auch Veredlungen mit beiden Geschlechtern auf einer Pflanze an. Die einhäusige Sorte 'Weiki' vereint männliche und weibliche Blüten auf einer Pflanze. Im Winter benötigen die Pflanzen einen Winterschutz. ●

SMART

Verrieseln

> **Der Fruchtfall** bei gering selbstbefruchtenden Johannisbeersorten wird „Verrieseln" genannt. Je nach Sortenanfälligkeit können einzelne oder mehrere Beeren abfallen.

> **Eine zweite Befruchtersorte** mindert das Risiko eines Ernteausfalls.

Erdbeeren & Co.

Auf einem halbschattigen Balkon gedeihen die wohl beliebtesten aller Früchte: die Erdbeeren (*Fragaria × ananassa*). Im Handel werden für Kästen und Töpfe spezielle Hänge-Sorten angeboten. Für den Balkon bestens geeignet sind Monats-Erdbeeren, die vom Frühsommer bis zum Spätherbst blühen und fruchten. Die kleinen Früchte haben einen Geschmack, der an hocharomatische Wald-Erdbeeren (*Fragaria vesca*) erinnert. Üppig bewachsene Kästen sehen so schön aus, dass man kaum etwas abpflücken mag. Doch keine Sorge – es reifen ständig Früchte nach, sodass immer ein schöner Anblick gewährleistet ist. Kletternde Sorten der Monats-Erdbeeren kann man übrigens auch am Spalier oder an Bambusstäben hochwachsen lassen.

Gefäße für Erdbeeren

Es gibt ein spezielles bauchig-hohes Gefäß, das den hübschen, hängenden Fruchtschmuck sehr gut zur Geltung bringt: der Erdbeertopf. Man setzt die Pflänzchen in die rundum angeordneten, muldenartigen Öffnungen. Erdbeertöpfe aus Terrakotta oder glasierter Keramik werden in verschiedenen Größen und Qualitäten angeboten. Sie alle muss man jedoch oft und gründlich gießen. Zum Aufhängen am Balkongeländer oder als Ampel von der Decke werden neuerdings auch „Pflanzbeutel" angeboten. Die schlauchartigen Plastiksäcke besitzen versetzt angeordnete Löcher; sie werden mit Erde gefüllt und bepflanzt. Die Wasserversorgung ist hierbei noch etwas komplizierter, da man wohldosiert gießen muss. Ansonsten sind Erdbeeren absolut pflegeleicht. Mischen Sie der Balkonkastenerde ein Drittel Rindenhumus bei und verabreichen Sie organischen Dünger.

Erdbeeren kombinieren

Erdbeeren pur — ein traumhafter Anblick. Aber natürlich können Sie die leckeren

Fruchtige Balkongäste

Empfehlenswerte Hänge-Erdbeeren: 'Ostara', 'Mara de Bois' und 'Rimona Hummi'. Die ersten Blütenknospen ausknipsen, damit sich viele Ausläufer bilden.

Wald-Erdbeeren (*Fragaria vesca*): kleinere Früchte als Monats-Erdbeeren, aber besonders aromatisch. Für schattige Balkone.

Holunder (*Sambucus niger*) wächst stark: sonnig, aber auch schattig, großer Topf

Topf-Heidelbeeren (*Vaccinium corymbosum*) in Rhododendronerde setzen, alle zwei Wochen Rhododendrondünger oder speziellen Heidelbeerdünger geben.

Lecker, lecker! Ein Balkonkasten mit reich blühenden und fruchtenden Erdbeeren die ganze Saison hindurch ist nicht nur hübsch anzusehen ...

Früchtchen auch mit Blumen mischen. Diese sollten ebenfalls Halbschatten vertragen und optisch die Erdbeeren nicht verdrängen. Probieren Sie die fröhliche Kombination mit blauen Lobelien und gelben Studentenblumen.

Obstgehölze im Kübel

Kleine Obstbäumchen und Spindelbüsche im Kübel können das Obstsortiment auf Balkonien erweitern. Dazu gehören Äpfel, Birnen, Kirschen, Pflaumen, Pfirsiche und viele andere. An diesen kleinen Kostbarkeiten wollen Sie viele Jahre Freude haben. Achten Sie deshalb beim Einkauf (Baumschule, Gartencenter, Versand) immer auf eine gute fachliche Beratung, damit Sie für die Kübelkultur geeignete und krankheits-

SMART

Klasse für Kids

› Erdbeeren & Co. auf dem Balkon — besonders toll für Kinder in einer Stadtwohnung.

› Es ist spannend zu beobachten, wie die Pflanzen wachsen und die Früchte reif werden.

› Kleine Kinder können beim Gießen helfen, größere bekommen sogar einen eigenen Kasten oder Topf zur Pflege.

› Ab und zu etwas naschen ist lecker und gesund.

resistente Sorten erhalten! Ideal für Einsteiger ist der 'Ballerina'-Säulenapfel. Er ist nur etwa 30 cm breit und muss nicht geschnitten werden. Es sollten immer mindestens zwei verschiedene Sorten beieinander stehen, die zur gleichen Zeit blühen, damit sie sich gegenseitig befruchten können. Welche Sorten miteinander harmonieren, erfahren Sie beim Fachhändler.

Alle Obstgehölze gehören aufgrund ihrer Ansprüche an die Wasser- und Nährstoffversorgung nicht in den Balkonkasten, sondern in große Töpfe oder Kübel. Verabreichen Sie viel Wasser und Dünger in angegebener Dosierung von April bis August.

Pflaumen, Kirschen & Äpfel

Obstgewächse in Pflanzgefäßen zu ziehen hat eine lange Tradition, die vor allem von Adel und reichem Bürgertum gepflegt wurde. Mit ein wenig Geschick und Geduld können auch Sie im Sommer und Herbst reife Früchte ernten. Und das ist noch nicht alles! Im Frühjahr werden Sie mit einer atemberaubenden Blütenfülle überrascht. Die gängigen Sorten werden für die Kübelkultur auf schwachwüchsigen Unterlagen veredelt. Diese bremsen das Wachstum. Bedenken Sie bei der Anschaffung trotzdem, dass die Bäumchen noch stattliche 2 m Höhe erreichen können.

Steinreiches Obst

▸ **Pflaumen** (*Prunus domestica*): Für den Balkon sind selbstfruchtbare Sorten wie 'Hauszwetsche' zu empfehlen. Ein gelegentlicher Auslichtungsschnitt im Winter ist notwendig. Ab August können die ausgereiften Pflaumen geerntet werden. Guten Appetit!

▸ **Sauer-Kirschen** (*Prunus cerasus*) können auch auf einem halbschattigen Balkon angebaut werden. Greifen Sie auf selbstfruchtbare Sorten wie 'Morellenfeuer' zurück. Sauer-Kirschen blühen und tragen am vorjährigen Holz. Daher muss man abgeerntete Triebe auf einen nachwachsenden Trieb zurücksetzen. Geerntet wird, sobald die Kirschen schwarzrot sind.

▸ **Aprikosen** (*Prunus armeniaca*): Im Frühjahr schmücken sie sich mit ihren frühblühenden, weißen oder rosafarbenen Blüten. Decken Sie bei Spätfrostgefahr die Zweige mit den Blütenknospen vorsichtig mit einem Jutesack oder Zeitungspapier ab. Zeigen sich nur wenig Blütenbesucher, bestäuben Sie die Blüten mit einem Pinsel am besten per Hand. Die Früchte sind reif, wenn sie ihre typische Farbe

Apfel-Ballerinas mit reichem Fruchtansatz.

angenommen haben und sich weich anfühlen. Ein Auslichtungsschnitt im Winter ist empfehlenswert.

▶ **Pfirsiche** (*Prunus persica*) bevorzugen einen geschützten, sonnigen Platz. Im Winter benötigen sie ein kühles, frostfreies Quartier. Die leicht behaarten Früchte sind reif, wenn sie auf leichten Druck nachgeben. Im Winter werden die abgeernteten Triebe stark zurückgeschnitten. Besonderheit: Pfirsiche bilden „wahre" und „falsche" Fruchttriebe aus. An ersteren bilden sich eine Blütenknospe zwischen zwei Blattknospen, an zweiteren ausschließlich Blatt- oder

Zwergobst

> **Die kleinen Bäumchen** mit den großen Früchten gibt es leider nicht zu kaufen. Sie sind sozusagen „hausgemacht".

> **Mit etwas Erfahrung** im Bonsai- und Obstbaumschnitt können die Bäumchen selbst kreiert werden.

> **Dreimal im Jahr** wird der Neuaustrieb auf ein bis zwei Augen gekürzt.

> **Beim Umtopfen** werden die starken Wurzeln angeschnitten.

In großen Kübeln und an einem sonnigen Platz gedeihen Obstbäumchen wie Zwerg-Pfirsich und Apfel-Ballerina besonders gut.

Blütenknospen. Den speziellen Rückschnitt können Sie sich in Kleingartenvereinen oder in der Baumschule zeigen lassen.

Sichere Apfelernte

Ein Apfelbäumchen auf dem Balkon hört sich einfach an, Folgendes sollten Sie aber beachten: Damit das Bäumchen wirklich Äpfel trägt, brauchen Sie mindestens zwei, besser jedoch drei verschiedene Sorten auf dem Balkon. Der Mix kann aus früh und spät reifenden Sorten bestehen, die aber alle zur gleichen Zeit blühen müssen. Je nach Sorte kann von Spätsommer bis Herbst geerntet werden. Achten Sie auf schwachwüchsige Unterlagen wie M9 und M27. Lassen Sie sich bei der Auswahl unbedingt von einem Fachmann beraten. ●

Der Mini-
Naschbalkon

Kleine Topfgärten lassen sich auf jedem Balkon realisieren. Selbst auf einer Fensterbank ist genügend Platz. Lassen Sie sich von den folgenden Gestaltungsideen inspirieren!

Ein großer Topf oder Kasten mit verschiedenen duftenden Kräutern ist schon für sich allein ein kleiner Kräutergarten. Werden noch aromatische Tomaten oder kletternde Bohnen dazu gesetzt, entsteht schon ein Nutzgarten auf kleinstem Raum. Wer noch weiter gehen möchte, sät einige farbenfrohe Studentenblumen oder Ringelblumen dazwischen – und schon ist der kleine Küchengarten auf Balkonien perfekt. Platzsparende Helfer für kleine Balkone sind die bereits erwähnten Erdbeertöpfe, die an den Seiten mehrere kleine Taschen haben, in denen weitere Pflanzen untergebracht werden können. Die oft vernachlässigte Vertikale wird mit Ampeln, Hängekörben und Wandtöpfen bestens ausgenutzt. Auch Kletterpflanzen und Spaliere verschönern die Rückfront Ihres Balkons. Achten Sie unbedingt auf eine stabile Anbringung der Konstruktionen, um Unfälle zu vermeiden.

◄ **Salatbeet en miniature:** Das verschiedenartige Laub der hier verwendeten Blattsalate wirkt auf engstem Raum besonders dekorativ. Salatsorten mit rotem oder braunem Laub wie 'Red Salad Bowl' setzen Akzente. Wird die Schale um einige Salatkräuter ergänzt, ist der Salat schon so gut wie angerichtet. Tipp: Lassen Sie Ihren Salat doch mal „schießen". Die kleinen gelben Blüten an dem hoch aufgerichteten Blütenstand kennt kaum jemand.

▶ **In luftiger Höhe** hängen hier die Erdbeeren in einem „Flower-Tower", einer lang gezogenen Ampel mit Pflanztaschen an den Seiten. Hänge-Tomaten der Sorte 'Tumbler', Salate und Kräuter eignen sich ebenfalls hervorragend für eine Ampelbepflanzung. Setzen Sie die Hängepflanzen an den Rand, damit sie darüber hinaus wachsen können. In England werden besonders die sogenannten „Hanging Baskets" geschätzt. Die Körbe bestehen aus Drahtgeflecht und können in unterschiedlichen Bereichen bepflanzt werden, sodass im Sommer eine üppige Pflanzenkaskade herabrankt.

◀ **Gemüse oder Kräuter?** Bei diesem Arrangement wird auf keines der beiden verzichtet. In einem formschönen Erdbeertopf aus Terrakotta wurde eine Aubergine mit glattblättriger Petersilie kombiniert, die aus den Seitentaschen wächst. Das A und O einer solchen Bepflanzung sind große Abzugslöcher, 5 cm Dränagekies und regelmäßiges Gießen und Düngen. Tipp zum vereinfachten Bepflanzen: Seitentaschen erst dann mit Erde füllen und bepflanzen, wenn die Erde auf gleicher Höhe im Topf eingefüllt wurde.

Kräuter & Gewürze

Pizza & Pasta

Pizza, Pasta und Italien – diese Drei bilden kulinarisch gesehen eine Einheit. Für den authentischen Geschmack können die typischen italienischen Kräuter wie Basilikum, Thymian, Rosmarin, Salbei und Oregano auf dem Balkon gezogen werden.

Beliebtes Basilikum

Das einjährige Basilikum (*Ocimum basilicum*) ist das Lieblingskraut der Italiener. Das süßlich scharfe Aroma der Blätter kommt in Verbindung mit Tomaten besonders gut zur Geltung. Die Blätter werden frisch verwendet, die Stängel kann man mitkochen. Rotblättriges Basilikum bringt Abwechslung auf Balkon und Tisch.

▸ Basilikum wird jedes Jahr neu ausgesät. Die Samen sind Lichtkeimer und werden deshalb nicht mit Erde abgedeckt.

▸ Planen Sie am besten gleich mehrere Töpfe oder einen ganzen Kasten ein. Bei regelmäßigem Rückschnitt treibt Basilikum kräftig nach.

Basilikum-Pesto

▸ 50 g Basilikumblätter
▸ 2 geschälte Knoblauchzehen
▸ 2 EL Pinienkerne
▸ Pfeffer, Salz
▸ 100 ml Olivenöl
▸ 50 g geriebener Parmesan

Alle Zutaten bis auf den Parmesan in einem Mixer zu einer cremigen Soße verarbeiten. Mit dem Parmesan vermischen und abschmecken. Hält sich bis zu zwei Wochen in einem Schraubglas im Kühlschrank.

Aromatisches Basilikum **ist die Grundlage für feines Pesto.**

Pizzagewürz: Oregano

Oregano (*Origanum vulgare*) ist eine unverzichtbare Würze von Tomatensoße und jeder Pizza. Er ist eng verwandt mit dem Majoran (*Origanum majorana*), dessen feinere Würzkraft bei der Zubereitung von Fischgerichten geschätzt wird. Junge und blühende Triebe werden geerntet.

▸ Oregano: Topfpflanze im Frühjahr kaufen. Neben der grünlaubigen Form gibt es

auch gelblaubige Sorten ('Aureum').

▸ Majoran: Im Frühjahr aussäen. Durch regelmäßige Ernte im Sommer kompakt halten. Hell auf der Fensterbank überwintern.

Pasta, Pasta!

Keine Pasta ohne Soße. Junge Triebe von Rosmarin (*Rosmarinus officinalis*) und Thymian (*Thymus vulgaris*) verfeinern Fleisch- und Tomatensoßen. Salbei (*Salvia officinalis*) gibt Butter-

Schöne Idee: Italienische Kräuter als Tischdekoration.

und Sahnesoßen die richtige Würze. Das mediterrane Trio liebt einen vollsonnigen, geschützten Standort und kann gut mit Basilikum und Oregano in einen großen Kasten gesetzt werden.

▸ Rosmarin: Im Frühjahr als Topfpflanze kaufen. Besonders apart ist hängender Rosmarin. Geerntet wird das obere Drittel der Triebe. Rosmarin hell und kühl in der Wohnung überwintern.

▸ Thymian: Ein bis zwei

Pflanzen sind ausreichend. Triebe kurz vor der Blüte ernten. Thymian ist winterhart.

▸ Salbei: Als Topfpflanze kaufen. In gut sortierten Gärtnereien sind Formen mit roten ('Purpurascens') oder grün-weißen ('Icterina') Blättern, aber auch Arten mit einem fruchtigem Aroma wie Ananas-Salbei (*Salvia elegans*) erhältlich. Junge Blätter ernten. Salbei ist winterhart. ●

Vive la France!

Estragon, Kerbel und Lavendel gehören zur französischen Küche wie der Eiffelturm nach Paris. Doch auch mediterrane Kräuter wie Basilikum, Salbei, Rosmarin und Thymian werden reichlich verwendet. Nicht zu vergessen die klassischen Küchenhelfer Petersilie, Schnittlauch und Bohnenkraut.

Rosafarbene und blaue Blütenstände des Ysop.

Estragon & Kerbel

Das beliebteste Kraut der Franzosen – der Estragon (*Artemisia dracunculus*) – stammt ursprünglich aus dem Süden Russlands. Keine Sauce Béarnaise ohne Estragon! Er gehört zur Familie der Beifußgewächse, hat aber nicht den bitteren Geschmack von Beifuß. Man unterscheidet zwischen dem Russischen und dem Französischen Estragon, wobei letzterer zwar würziger, dafür aber nur bedingt winterhart ist. Die Blätter von Kerbel (*Anthriscus cerefolium*) haben einen Geschmack, der an Anis und Petersilie erinnert. In Frankfurt ist er fester Bestandteil der Grünen Soße. Das einjährige Kraut verfeinert Suppen, Kräuterbutter und Quark.

▸ **Estragon:** Kaufen Sie eine Jungpflanze in der Gärtnerei. Estragon ist winterhart. Blätter frisch für Salate und zum Einlegen verwenden.

▸ **Kerbel:** Liebt Halbschatten. Für ganzjährigen Genuss Kerbel alle drei bis vier Wochen in einem neuen Topf aussäen.

Ysop & Fenchel

Ysop (*Hyssopus officinalis*) ist ein Bestandteil des Kräuterlikörs Chartreuse, der früher in französischen Klöstern hergestellt wurde. Der leicht bittere Geschmack der Blätter gab dem Ysop den deutschen Namen Essigkraut. Die leuchtend blauen bis rosafarbenen Blüten sorgen für Abwechslung auf dem Balkon. Blühende Triebspitzen und Blätter passen gut zu Kartoffelgerichten, Suppen und Salaten.

Der Gewürz-Fenchel (*Foeniculum vulgare* var. *dulce*) bildet im Gegensatz zum Gemüse-Fenchel keine stark knollenartig verdickten Blattstiele aus. Die jungen, fein gefiederten Blättchen werden dort frisch verwendet, wo der anisähnliche Geschmack erwünscht ist. Die Früchte reifen im Oktober aus.

▸ **Ysop:** Verträgt Vollsonne und ist winterhart. Am besten Jungpflanzen in Gärtnerei erwerben.

▸ **Gewürz-Fenchel:** In großen Töpfen aussäen, da die Pflanze sehr groß wird. Bedingt winterhart, des-

Lebensgefühl à la Provence auf dem Fensterbrett.

Duftender Lavendel

In der Provence ist der Lavendel (*Lavandula angustifolia*) ein beliebtes Würzkraut, das in Maßen Fisch- und Fleischgerichte verfeinert. Mit seinem harzigen Duft hält er Schädlinge von Pflanzen halb jedes Jahr neu aussäen.

und Kleidungsstücken fern. Blätter und Blüten werden frisch oder getrocknet verwendet.

▸ **Topfpflanzen** im Frühjahr in der Gärtnerei erwerben. Aussaat ist möglich. Einen Winterschutz aus Laub und Jute vorsehen. Im Frühjahr zurückschneiden.

▸ **Lavendel** wirkt beruhigend und hilft bei Überreizung und Kopfschmerzen.

SMART

Sauce rémoulade

▸ **500 ml Mayonnaise**
▸ **1 EL Kapern**
▸ **3 Cornichons**
▸ **Petersilie, Kerbel, Estragon und Schnittlauch**

Kapern, Cornichons und Kräuter fein hacken und unter die Mayonnaise rühren. Nach Belieben mit Sardellenpaste abschmecken.

Asia Mix

Wer zu Hause gern asiatischen Wok-Genüssen nachgeht, braucht dazu neben speziellen Gewürzmischungen auch Kräuter. Auf dieser Seite werden einige der typischen asiatischen Kräuter vorgestellt, die sich auch erfolgreich in Töpfen heranziehen lassen.

Koriander & Petersilie

Koriander (*Coriandrum sativum*) wird in Asien so häufig verwendet wie die Petersilie (*Petroselinum crispum*) in unseren Breiten. Koriandergrün gibt asiatischen Gerichten oft den letzten Schliff. Die aromatischen Samen fin-

den sich in vielen Gewürzmischungen wie Curry oder dem uns bekannten Lebkuchengewürz. Wem das Aroma von frischem Koriandergrün nicht behagt, kann es durch glattblättrige Petersilie ersetzen. Koriander wird wegen seines Geruchs auch Wanzenkraut genannt.

▶ Koriander lässt sich gut in Töpfen aussäen. Die Blättchen können den ganzen Sommer über abgezupft werden. Die Samen werden geerntet, sobald der Samenstand braun ist.

▶ Petersilie ist etwas heikel in der Aussaat, deshalb besser im Frühjahr als Jungpflanzen in der Gärtnerei erwerben und in einen Kasten setzen.

Schnittlauch & Knolauch

Der Chinesische Schnittlauch (*Allium tuberosum*) wird oft auch Schnittknoblauch oder einfach nur Knolauch genannt. Er ist viel geschmacksintensiver und hat flachere Blätter als der bei uns beliebte Schnittlauch (*Allium schoenopra-*

Glatte Petersilie ist aromatischer als die krause Form.

Korianderpaste

- 2 Bund Koriander
- 1/2 Bund Petersilie
- 2 Knoblauchzehen
- 6 EL Erdnussöl
- 1 EL gemahlenen Kreuzkümmel
- 1 EL Paprikapulver
- 1 TL Cayennepfeffer
- eine Prise Salz

Kräuter, Knoblauch und Gewürze mit 4 EL Öl im Mixer pürieren, kräftig mit Salz abschmecken, in ein Schraubglas (150 ml) füllen und mit 2 EL Öl aufgießen.

Würzige Zutaten in der Asia-Küche: Ingwer, Koriander und Schnittlauch.

den meist mitgegart. Eine Dekoration aus Schnittlauch-Blüten ist nicht nur schön anzusehen, sondern auch sehr schmackhaft.

▸ **Die Anzucht** gelingt problemlos in Töpfen. Die Pflanzen sind winterhart und treiben im Frühjahr wieder aus.

▸ **Die Erntemenge** sollte nie mehr als zwei Drittel eines Topfes betragen, so kann der Lauch nachwachsen.

Noch mehr Asia-Kräuter

▸ **Anis-Basilikum** (*Ocimum basilicum*): Es ist viel geschmacksintensiver als das italienische Basilikum und duftet nach Anis. Weitere asiatische Verwandte sind das Thai-Basilikum und das Zitronen-Basilikum.

▸ **Rotes Shiso** (*Perilla frutescens*): In der japanischen Küche werden Shisoblätter fein geschnitten unter Reis gemischt oder zum sashimi, rohem Fischfilet, gereicht.

▸ **Currykraut** (*Helichrysum italicum*): Die silbergrauen Blätter duften nach Curry, sind aber nicht in den Curry-mischungen enthalten. Nur sparsam verwenden, kurz mitkochen und vor dem Verzehr entfernen. Die Staude ist winterhart. ●

sum). Sein Geschmack ähnelt dem der Frühlingszwiebeln. Die Blätter wer-

Hot & Spicy

Chili, Ingwer und Zitro-
nengras auf dem Balkon?
Aber ja, es ist ganz einfach,
wenn einige Regeln beach-
tet werden.

*Frische Würzkraft aus dem
Topfgarten: Peperoni und
Zitronengras.*

Gras mit Zitronenduft

Zitronengras (*Cymbopogon
citratus*) ist in unseren Breiten als wüchsige Zimmer-
pflanze bekannt. Im Sommer
braucht es viel Wärme, viel
Wasser und viel Dünger. Im
Winter wird das Gras tro-
cken gehalten, ohne dass es
austrocknet. In einem großen Topf kann das Zitronengras im Zaum gehalten werden. Ist es doch zu groß
geworden, wird es geteilt.
Die Triebe können fortlau-
fend geerntet werden. Dazu
wird ein Trieb oberhalb der
Wurzel abgeschnitten. Die
Blätter werden ebenfalls
abgeschnitten, so dass am
Ende ein 10 bis 13 cm langes
Stück übrig bleibt. Diese
Stücke können eingefroren
werden. Für den Verzehr
werden die äußeren Schich-
ten bis zum rosa Ring entfernt. Fein gehackt kann das
Zitronengras mit verzehrt
werden. Ältere, faserige
Triebe werden im Mörser
zerstoßen und vor dem Verzehr entfernt.

▶ **Tipp:** Einfach einen Stängel
Zitronengras aus dem Asia-
Laden in ein Glas Wasser
stellen. Wenn er Wurzeln
schlägt, können Sie ihn in
die Erde setzen.

Tolle Ingwerknolle

Der Ingwer (*Zingiber offi-
cinale*) fand schon vor
500 Jahren in den Schriften
des Konfuzius Erwähnung.
Sein zitronig scharfes Aroma
verfeinert viele indische und
orientalische Gerichte und
Chutneys; kandierte Wurzel-
stücke sind eine süß-aro-
matische Versuchung. Der
Anbau ist etwas aufwändig:
Im Herbst wird eine Ing-
werknolle etwa 6 cm tief in
einen großen Topf gelegt
und an einen hellen, war-
men Platz in der Wohnung
gestellt. Ab Mai wird der
Topf an einen warmen, aber
schattigen Platz auf dem
Balkon gebracht. Den Ing-
wer reichlich gießen und
düngen. Im Herbst die Erde
aus dem Topf heben und die
Knollen vorsichtig heraus-
holen. Im Gemüsefach des
Kühlschranks aufbewahren.
Ein Stück Ingwerknolle für
das nächste Jahr einsetzen.

▶ **Ein Tee** aus frisch geriebener Ingwerwurzel hilft bei
Erkältungsbeschwerden.

Scharfe Chilischoten

Bis zur Entdeckung der Neu-
en Welt und der Einführung
der Chilischote (*Capsicum
annuum*) in der Alten Welt
wurde mit Pfeffer scharf
gewürzt. Chili ist als Zutat
in Currys und asiatischen,
aber auch südamerikani-
schen Gerichten unverzicht-
bar. Es gibt über 150 Chili-
Sorten. Die Früchte können
klein, lang oder paprikaähn-
lich sein. Die Schärfe der
Früchte, die vor allem in den
Kernen und Trennwänden
sitzt, reicht von mild bis sehr
scharf. In jedem Fall ist es
empfehlenswert, vor dem

Scharfe Chilipaste

- **250 g frische, rote Chilischoten**
- **1 TL Salz**

Wasser in einem Topf
zum Kochen bringen
und die geputzten Chilis
darin 5–8 Minuten garen.
Abgießen, im Mixer zu
einer groben Paste pürie-
ren und mit dem Salz
verrühren. In ein Schraubglas füllen, mit Frisch-
haltefolie abdecken und
mit dem Deckel ver-
schließen.

*Rote Chilischoten zusammen mit Zitronen-Thymian
im dekorativen Korb.*

Würzen der Speisen die
Schärfe zu testen. An einem
warmen, sonnigen Platz
entwickeln sie ihre typische
Würze. Unreife, grüne Peperoni sind milder als die ausgereiften roten Schoten. Das

Ernten der unreifen Früchte
erhöht wie beim Paprika den
Fruchtansatz. Die frostemp-
findlichen Pflanzen werden
ab März auf der Fensterbank
ausgesät und ab Mitte Mai
auf den Balkon gebracht. ●

Hot & Spicy

Leckeres von
Balkonien

Gönnen Sie sich die Freude, nach Lust und Laune aus der bunten Balkonpracht auch leckere Köstlichkeiten zu bereiten.

Hier sind ein paar ganz einfache Rezepte für Selbstgemachtes aus Blüten und Blättern. Überraschen Sie Ihre Gäste damit. Es sind drei Beispiele für den leichten Einstieg. Der optische Eindruck ist sehr effektvoll – bei ausgesprochen geringem Aufwand. Probieren Sie's aus! Experimentieren Sie im Frühling mit Veilchen und Schlüsselblumen, im Frühsommer mit Frauenmantel und Rosen, im Hochsommer mit Dahlien und Lavendel, im Herbst mit Chrysanthemen und Hagebutten und ganzjährig mit Gewürzkräutern. Sie werden schnell merken, wie praktisch und reizvoll es ist, all die schönen Schätze von Balkonien auch in der Küche zu verwenden.

Borretsch-Dip

Zutaten für 4 Personen

500 g Quark
150 g Joghurt
Salz, weißer Pfeffer
1-2 Handvoll Borretschblüten
Rohkost wie Möhren, Stangensellerie, Gurken etc.

1 Quark und Joghurt glattrühren, kräftig würzen, kleingeschnittene Borretschblüten untermengen, etwas durchziehen lassen. Varianten: cremiger und voller im Geschmack mit Sahne, Olivenöl und Balsamico, Gurkenwürfelchen für mehr „Biss".

2 Das Rohkostgemüse waschen, putzen und fürs Dippen in handliche Abschnitte teilen. Den Quark in eine große Glasschüssel oder einzelne Portionsgläser füllen und mit Borretschblüten und dem Gemüse garnieren.

Blüten „on the rocks"

Zutaten
verschiedene essbare Blüten und Blättchen

Wasser, Eiswürfelbehälter

1 Mehrere Eiswürfelbehälter verschiedener Würfelgrößen mit Wasser füllen und bereitstellen. Blüten und Blättchen frisch vom Balkon ernten (nur einwandfreie Exemplare von nicht gespritzten Pflanzen) und einzeln auf die Würfelformen verteilen. Im Gefrierschrank oder Eisfach gut durchfrieren lassen. Schön zu einzelnen Getränken „on the rocks", aber auch mehrere Blüten zusammen in einer Saftkaraffe oder Bowleschüssel sehen toll aus.

2 Es eignen sich alle Küchenkräuter, von vielen (Salbei, Borretsch, Minze, Rosmarin) sind auch die Blüten essbar. Auch die größeren Blüten von Kapuzinerkresse, Ringelblume und Stiefmütterchen sind dekorativ und lecker. Die Blüten gekaufter Pflanzen bitte nicht verzehren!

Kräuter-Öl

Zutaten für 500 ml Öl:
500 ml reines Sonnenblumenöl (wahlweise Olivenöl)

100 g Balkon-Kräuter: z.B. Thymian, Salbei, Rosmarin oder Petersilie, Salbei, Zitronen-Thymian, Knoblauch

Einmachglas oder eine schön geformte Flasche

Wichtig: Gefäße durch Auskochen sterilisieren!

1 Frische Kräuter fein hacken. Öl in ein Einmachglas füllen, Kräuter untermischen. Verschlossen und kühl fünf bis sechs Tage ziehen lassen, ab und zu umrühren.

2 Durch ein Sieb in ein verschließbares Glasgefäß umfüllen. Einen Kräuterzweig zur Dekoration hineingeben. An einem kühlen Ort sechs Monate haltbar.

Mixed Pickles

Mixed Pickles sind eine besonders schmackhafte Art Gemüse zu konservieren. Verwenden Sie dazu Gemüse und Kräuter aus Ihrem Topfgarten. Bekannte Kräuter für sauer eingelegtes Gemüse sind Dill, Bohnenkraut und Lorbeer.

Der Klassiker unter den Einmachgewürzen: Dill.

Kräutermix

Die Kräuter werden mit dem Gemüse in die Gläser geschichtet. Das ist nicht nur dekorativ, sondern verleiht auch ein kräftiges Aroma.

▸ **Dill** (*Anethum graveolens*): Blüten, Stängel und Frucht-stände werden traditionell mit Dillgurken eingelegt. Die Aussaat ist unkompliziert. Im Sommer laufend junge Blättchen für Salatdressings ernten. Die Samen werden geerntet, wenn sie eine braune Färbung zeigen.

▸ **Lorbeer** (*Laurus nobilis*): Lorbeer ist nicht winterhart und benötigt ein helles, kühles Winterquartier. Achtung: Nicht verwechseln mit dem Kirschlorbeer (*Prunus laurocerasus*), dessen Blätter giftig sind!

▸ **Bohnenkraut** (*Satureja hortensis*): Der pfeffrige Geschmack passt gut zu eingelegtem Gemüse. Bohnenkraut ist anspruchslos. Bei der Aussaat nicht mit Erde abdecken!

▸ **Varianten:** Probieren Sie Thymian, Estragon, Ingwer, Chili oder Zitronengras aus.

Knackiges Gemüse

▸ **Vom Balkon:** Fruchtgemüse wie Gurken, Zucchini, Kürbis, Bohnen, Paprika und kleine Tomaten eignen sich hervorragend zum Einlegen.

▸ **Vom Markt:** Reicht die Ernte nicht aus oder fehlt das Lieblingsgemüse auf

Balkonien, kann man auf dem Markt für Nachschub sorgen. Geeignet sind Möhren, Blumenkohl, Zwiebeln oder Champignons.

Das gewaschene und geputzte Gemüse kann roh oder blanchiert verwendet werden. Das Gemüse wird in Schraubgläser bis dicht unter den Rand gefüllt, damit möglichst wenig Luft im Glas ist.

Rezept für Essigsud

▸ **Essig:** Geeignet sind alle Essigsorten, die mindestens

Scharfe Gurken

- ▸ **500 g Schmorgurken**
- ▸ **125 ml Weinessig**
- ▸ **125 g Honig**
- ▸ **2 Chilischoten**
- ▸ **1/2 TL Salz, 1/2 TL Pfefferkörner, 1/4 TL Piment**

Gurken schälen, entkernen und in Stücke schneiden, Essig mit 70 ml Wasser, Honig und den Gewürzen aufkochen. Gurken 7–8 min im Sud garen. In ein 500-ml-Glas füllen und verschließen.

Gurken eignen sich hervorragend für Mixed Pickles.

4–6% Säure haben. Essig-Essenz hat 15–25% Säure und wird mit Wasser verdünnt.

▸ **Sud:** Für drei Gläser mit je 750 ml Fassungsvermögen benötigen Sie 1/2 l Essig, 250 g Zucker oder Honig, 6 Pimentkörner, zehn Pfefferkörner und Salz. Alles wird sprudelnd aufgekocht und kochend heiß bis an den Rand in die Gläser gefüllt. Die Gläser sofort fest verschließen. Eventuell Ein-

machhilfe in den kochenden Sud einrühren.

▸ **Haltbarkeit:** Das eingelegte Gemüse ist an einem kühlen, dunklen Ort bis zu zwei Monate haltbar. Durch Einkochen bei 95°C verlängert sich die Haltbarkeit um etwa vier Monate. Haben Sie keine Möglichkeit zum Einkochen, können Sie den Sud am nächsten Tag abseihen, erneut aufkochen und wieder über das Gemüse geben. ●

It's Teatime!

Wer sagt, dass man Kräuter nur essen kann? Ein Kräutertee ist nicht nur gesund, sondern auch sehr schmackhaft. Gekühlt sind Kräutertees auch im Sommer ein Hochgenuss.

▸ **Pfefferminze** (*Mentha × piperita*): Sie werden frischen Pfefferminztee lieben und nie wieder zu fertigen Teebeuteln greifen wollen! Minze ist sehr wüchsig und verbreitet sich mit Hilfe von Wurzelausläufern. Geben Sie den Pflanzen daher ein eigenes Gefäß. Zum Trocknen wird die Minze vor der Blüte geerntet.

▸ **Zitronen-Melisse** (*Melissa officinalis*): Das feine Zitronenaroma ist erfrischend und verleiht Kräutertees eine besondere Note. Die Blätter werden zum Trocknen vor der Blüte geerntet. Nach einem starken Rückschnitt treiben die Pflanzen aus dem Wurzelstock kräftig aus.

▸ **Drachenkopf** (*Dracocephalum moldavica*) hat lilafarbene Blüten und einen ähnlichen Geschmack wie Zitronen-Melisse. Blätter und Blüten können als Tee zubereitet werden.

▸ **Indianernessel** (*Monarda didyma*): Die roten bis violetten Blüten sind ein Blickfang auf dem Balkon. Ihre Blätter duften nach Zitronenmelisse. Blätter und Blüten eignen sich zur Teebereitung. Kaufen Sie am besten eine Staude in der Gärtnerei. Die Indianernessel ist eine anspruchslose Pflanze.

▸ **Kamille** (*Matricaria recutita*): Kamillenblüten geben jedem Kräutertee das gewisse Etwas. Kamille wird im Frühjahr in Schalen oder Kästen ausgesät. Ausdünnen ist notwendig, damit die Einzelpflanzen kräftiger werden. Die anspruchslosen Pflanzen gedeihen überall. Die Blüten werden in Vollblüte geerntet, also drei Tage nach Beginn der Blüte.

▸ **Standort:** Die vorgestellten Kräuter vertragen bis auf die Kamille Halbschatten. Wer trotzdem auf einem halbschattigen Balkon Kamille anbauen möchte, kann auf die winterharte Römische Kamille (*Chamaemelum nobile*) zurückgreifen. Zitronen-Melisse, Pfefferminze und Indianernessel sind winterhart; die Töpfe sollten in strengen Wintern allerdings ummantelt werden.

Erfrischend im Sommer: selbst gemachte Zitronenlimonade.

Ein schmackhafter Kräutertee ist schnell zubereitet.

Heiß und kalt

▶ **Heißer Kräutertee:** Pro Tasse 2 EL frische, klein geschnittene oder 1 EL getrocknete Kräuter in ein Teesieb geben und mit kochendem Wasser aufgießen, maximal 5 min ziehen lassen und abseihen.

▶ **Eistee:** Kräutertee abkühlen lassen. Schneller geht's, wenn der Kräutertee mit der halben Menge Wasser aufgegossen und die gleiche Menge Wasser in Eiswürfelform zugegeben wird.

▶ **Tee nach Art des Hauses:** Kreieren Sie Ihre eigene Teemischung. Grundkräuter sind Minze, Melisse und Salbei. Fügen Sie je nach Geschmack Blüten oder Blätter von Lavendel, Ringelblume, Kamille, Rosmarin, Thymian oder andere Lieblingskräuter hinzu.

▶ **Tee zum Baden:** 1–2 Handvoll frische Kräuter in einen Teefilter geben, mit 1 l kochendem Wasser aufgießen, 10 min ziehen lassen und nach Belieben mit 1 l Milch ins Badewasser geben.

SMART

Zitronenlimonade

▸ 850 ml kaltes Wasser
▸ 150 ml Zitronensaft
▸ 2 EL Zucker
▸ 5 Triebe Pfefferminze

Wasser und Zitronensaft in einen großen Krug geben. Zucker und klein geschnittene Pfefferminze hinzugeben und umrühren. Nach Geschmack mehr Zucker, Zitrone oder Minze zugeben. Mit Eiswürfeln und Zitronenscheiben anrichten.

Blüten für Gaumenfreuden

Genießen Sie die Blütenpracht auf dem Balkon und auf Ihrem Teller. Salate und kalte Platten mit essbaren Blüten zu dekorieren, liegt derzeit stark im Trend. Die wichtigsten Blütenlieferanten sind Kapuzinerkresse, Studentenblumen, Borretsch und Ringelblumen. Sie können in eigene Töpfe oder zu anderen Nutzpflanzen gesät werden.

▶ Kapuzinerkresse (*Tropaeolum majus*): Nicht nur die roten und gelben Blüten, sondern auch die Blätter, Knospen und jungen Früchte haben einen intensiven Senf-

geschmack. Die Knospen können wie Kapern eingelegt werden. Bei zu starker Düngung sind die Pflanzen nicht blühwillig. Die Triebe können an einer Kletterhilfe emporranken.

▶ Borretsch (*Borago officinalis*): Die strahlend blauen Blüten setzen Akzente unter den essbaren Blüten. Das intensive Blau wirkt in einem grünen Salat sehr interessant. Die gesamte Pflanze duftet nach Gurken und wird deshalb auch Gurkenkraut genannt. Die jungen Blätter können fein gehackt in Salate gegeben

werden. Borretsch benötigt einen tiefen Topf und eine Stütze.

▶ Gewürz-Tagetes (*Tagetes tenuifolia*): Die feinen Blätter und gelben bis orangefarbenen Blüten können frisch als Gewürz oder getrocknet in Potpourris verwendet werden. Die gesamte Pflanze verströmt einen angenehmen Geruch, der Blattschädlinge von Nachbarpflanzen fernhält. Die Art *Tagetes lucida* duftet nach Estragon und Anis und kann Teemischungen beigefügt werden.

▶ Ringelblume (*Calendula officinalis*): Es gibt hellgelb bis tieforange blühende, gefüllte und ungefüllte Sorten. Getrocknet können die Blütenblätter in Teemischungen und Potpourris verwendet werden. Die Pflanzen sind anspruchslos und vertragen einen vollsonnigen Standort.

Vielseitig verwendbar

Kandierte Blüten: Gesäuberte Blüten (Veilchen, Rosenblütenblätter ohne Stielansatz) mit leicht aufgeschlagenem Eiweiß bepinseln, mit feinem Zucker bestreuen und im Backofen bei niedriger Temperatur trocknen.

Blütenzucker: Getrocknete, aromatisch duftende Blüten von Lavendel, Minze oder Orange mit Zucker vermischen, zwei Wochen ziehen lassen.

Blütentee: Teeglas zu einem Drittel locker mit verschiedenen Kräuterblüten und Ringelblumen füllen, mit kochendem Wasser übergießen und 5 min ziehen lassen.

Frisch oder getrocknet

Blüten geben süßen und pikanten Gerichten den letzten Pfiff. Blütenzucker verfeinert Tee und Süßes. Blü-

Frischer Salat mit Blüten von Borretsch und Kapuzinerkresse ist Augen- wie auch Gaumenschmaus.

teneiswürfel (siehe Seite 89) zieren jedes Getränk. Als Topping auf Salaten, Desserts und Brotaufstrichen isst das Auge mit.

▸ **Putzen:** Kleine Blüten können ganz verwendet werden. Vor dem Verzehr von großen Blüten ist es empfehlenswert, die Blütenblätter vorsichtig aus dem Kelch zu zupfen.

▸ **Trocknen:** Blütenköpfe abschneiden und auf Küchenpapier mit dem Kelch nach oben trocknen lassen.

SMART

Welche Blüten?

› **Blüten von** Kräutern wie Pfefferminze, Lavendel und Schnittlauch, Kürbis- und Zucchiniblüten, Apfel- und Zitronenblüten, Blüten von Duft-Pelargonien und Duft-Veilchen oder Sonnenblumenblüten können Sie bedenkenlos genießen.

› **Vorsicht:** Blüten von Kartoffeln und Platterbsen darf man nicht essen, denn sie sind giftig.

Wenn sie vollständig getrocknet sind, können die Blüten in fest verschließbaren Gläsern aufbewahrt werden.

▸ **Einlegen:** Blütenessig ist schnell angesetzt und verfeinert viele Speisen: 4–8 EL Blütenblätter mit 450 ml Weißweinessig aufgießen, zwei Wochen ziehen lassen, abseihen und mit frischen Blüten dekorieren. Kapuzinerkresseblüten färben den Essig in ein sonniges Goldorange. ●

Duft liegt
in der Luft

Stellen Sie duftende Kräuter in Sitzplatznähe oder an einem Ort auf, an dem Sie häufig vorbeikommen. Scheint die Sonne, verdunsten ätherische Öle und verwöhnen Ihre Sinne. Holen Sie sich diese Aromapflanzen auch in die eigenen vier Wände!

Gefäße mit Zitronengras, Heliotrop, Lavendel und Duft-Pelargonien können auch in der Wohnung Wohlgeruch verbreiten. Potpourris und Kräuterkissen erfüllen den Raum mit schönen Düften.

▸ **Potpourris:** Getrocknete Kräuter, Blüten und Gewürze werden mit Duftölen vermischt. In einer Metalldose etwa eine Woche ziehen lassen und dann in Schalen aufstellen. Lässt der Duft nach, kann mit ätherischen Ölen aufgefrischt werden. Lavendelblüten, Rosmarin und Thymian, zu gleichen Teilen mit einigen Tropfen Lavendelöl vermischt, erinnern an einen Urlaub in der Provence. Erfrischend wirken Pfefferminze und Zitronen-Melisse mit einigen Tropfen Zitronen- oder Melissenöl.

▸ **Kräuterkissen** Pfefferminze, Lavendel und Rosmarin zu gleichen Teilen mit drei Teilen Blättern der Duft-Pelargonie sorgfältig trocknen, mischen und in ein Baumwollsäckchen füllen.

◂ **Erfrischend zitronig** duften einige unserer Küchenkräuter und ihre nahen Verwandten. Neben der bekannten Zitronen-Melisse (*Melissa officinalis*) verbreiten auch Zitronen-Thymian (*Thymus × citriodorus*) und Zitronen-Minze (*Mentha × gracilis* var. *citrata*) einen frischen Duft nach Zitronen. Das tropische Zitronengras (*Cymbopogon citratus*) setzt sein Aroma nach dem Zerkleinern frei. Die Zitronenverbene (*Aloysia triphylla*) verströmt einen intensiven Duft.

▸ **Lavendelduft** wirkt beruhigend auf Geist und Seele. Getrocknete Blüten in Kräuterkissen und Potpourris bringen diesen Duft auch in die eigenen vier Wände. Für Abwechslung auf Balkonien sorgen Sorten mit weißen Blüten ('Alba'), blassrosa Blüten ('Loddon Pink') oder intensiv violetten Blüten ('Hidcote'). Eine nach Vanille duftende Pflanze ist der Heliotrop (*Heliotrop arborescens*), auch Vanilleblume genannt. Die getrockneten, lilafarbenen Blüten finden in Potpourris Verwendung. Der violett blühende Drachenkopf (*Dracocephalum moldavica*) duftet dezent nach Zitrone.

◂ **Duft-Pelargonien** sind vielseitige Aromapflanzen. Sie können nach Rosen (*Pelargonium graveolens*), Äpfeln (*P. odoratissimum*), Zitronen (*P. crispum*) oder sogar Pfefferminze (*P. tomentosum*) duften. Die Hauptattraktion sind hier die Blätter, die Blüten sind klein und unscheinbar. Beide verfeinern nicht nur Tees und Gebäck, sondern auch Potpourris. Machen Sie auf jeden Fall einen Dufttest vor dem Kauf. Duft-Pelargonien lieben volle Sonne. Im Winter werden sie hell und kühl gehalten. Rückschnitt ist notwendig.

SPEZIAL

Pflanzenleben auf
Balkonien

Haben Sie Lust bekommen auf ein paar bunte Töpfe mit üppigen Sommerblühern? Oder auf dezente Kübel mit vornehmen Blattschmuckpflanzen? Läuft Ihnen das Wasser im Mund zusammen bei dem Gedanken an frisch gepflückte Erdbeeren und knackigen Salat aus dem eigenen Balkonkasten?

Damit Ihrem Traumbalkon nichts im Wege steht, möchten wir Ihnen noch einige Tipps für die Praxis geben. Zuerst kommt es auf die Auswahl der Pflanzen an. Bedingung ist, dass sie mit einem Topf oder Kübel als Lebensraum vorliebnehmen. Das ist beson-

ders wichtig, wenn man mit Gehölzen für den Balkon liebäugelt. Wählen sie eher kleinbleibende Sorten aus.

Den Balkon- und Kübelpflanzen steht nur ein vergleichsweise geringer Raum für die Wurzeln zur Verfügung. Werden sie in hochwertige Erde gesetzt, regelmäßig gegossen und gedüngt, danken sie es dem Balkongärtner mit langer Blüte und reicher Ernte. Das sind beste Voraussetzungen, Ihre Schützlinge gesund und frei von Schädlingen zu halten. Und nach getaner Arbeit genießen Sie Ihren Urlaub auf Balkonien!

Anbauen, pflegen, schützen

Gemüse-Leidenschaft

Für den Balkongärtner gibt es eine ganze Palette von Gemüsearten, aus der er wählen kann. Zu beachten sind Standortansprüche, Zeit bis zur Ernte und natürlich die Besonderheiten der Pflanze. Große Pflanzen wie Zucchini benötigen große Gefäße, um optimal wachsen zu können. Gemüse mit ausladenden Wurzeln wie Meerrettich und Karotten sind schwierig in Töpfen zu kultivieren. Greifen Sie auf Jungpflanzen zurück, die in Gartencentern und Gemüse-Gärtnereien im Frühjahr angeboten werden, um die manchmal aufwändige Aussaat zu umgehen.

Klein, aber oho!

Suchen Sie in Samenhandlungen und Saatgutkatalogen nach so genanntem „Mini-Gemüse". Das sind Sorten, die sowohl im Wuchs als auch in der Fruchtgröße klein bleiben und sich hervorragend für die Topfkultur eignen. Zwergformen gibt es unter anderem für Tomaten, Grünkohl, den in Asien beliebten Pak Choi, für Zucchini und Auberginen. Auch auf einem kleinen Balkon braucht auf Gemüse nicht verzichtet zu werden. Setzen Sie um eine Tomate Salatpflanzen oder Erdbeeren – schon haben Sie einen kleinen Küchengarten!

Einfache Gießregeln

Am besten morgens gießen, bei Bedarf an heißen Tagen am späten Nachmittag oder frühen Abend noch einmal gießen.

Einmal kräftig und durchdringend ist besser als häufig wenig zu gießen. Stehendes Wasser aus Untersetzern und Übertöpfen nach 30 Minuten entfernen.

Abzugslöcher und eine Dränage aus Kies oder Tonscherben sorgen für einen schnellen Abfluss überschüssigen Wassers.

Machen Sie die Fingerprobe! Legen Sie Ihre Fingerkuppen leicht auf die Erdoberfläche. Bleiben Erdteilchen haften, braucht noch nicht gegossen zu werden.

Wasser nicht über die Blätter gießen. Das fördert den Pilzbefall.

Gemüse selbst aussäen

▸ Vorkultur: Tomaten und Paprika werden ab März auf der Fensterbank ausgesät. Für die Vorkultur eignen sich besonders gut Torftöpfchen, die mit Aussaaterde gefüllt werden. Die Samen werden in die Erde gesteckt. Die Töpfchen müssen feucht gehalten werden, was gut in einem Mini-Gewächshaus gelingt. Ab Mai werden die Pflänzchen an wolkigen Tagen abgehärtet und Mitte Mai auf dem Balkon ausgepflanzt.

Aus kleinen Setzlingen werden innerhalb kurzer Zeit stattliche Pflanzen.

▶ **Direktsaat:** Die meisten Gemüsepflanzen können direkt auf dem Balkon ausgesät werden. Auch hier muss man die Erde ständig feucht halten, bis die junge Pflanze drei bis vier Blättchen hat.

Junges Gemüse

Im Frühjahr und Sommer gibt es ein reichhaltiges Angebot an kleinen Gemüsepflanzen. Die Auswahl reicht von diversen Salat- und Kohlpflanzen in kleinen Torfpellets bis hin zu Kürbisgewächsen und Tomaten in Töpfen. Kaufen Sie kälteempfindliche Arten wie Gurken, Zucchini, Auberginen und Tomaten nicht vor Mitte Mai. Die Setzlinge

sollten kräftig und gesund aussehen und der Topfballen gut durchfeuchtet sein. Welke Pflanzen erholen sich selten vollständig.

Gemüse richtig pflegen

▶ **Gießen:** Große Gemüsepflanzen wie Gurken und Tomaten brauchen während der Fruchtreife besonders viel Wasser.
▶ **Düngen:** Im Allgemeinen ist ein Universaldünger ausreichend, um Blatt- und Fruchtgemüse gleichermaßen zu versorgen. Mit Tomatendünger können auch andere Fruchtgemüse wie Paprika und Gurken gedüngt werden.

▶ **Topfgröße:** Gemüsepflanzen benötigen viel Wurzelraum zum Gedeihen. Für Tomaten & Co. sollten die Töpfe einen Durchmesser von etwa 25 cm haben. Salat gedeiht auch in kleineren Töpfen.

SMART

Wichtig zu wissen

› **Ihr Balkon** hat nur eine begrenzte Tragekapazität (ca. 250 kg/m²). Gewichte von Topfmaterial, Erde und Dränage können sich aufsummieren. Große Kübelpflanzen werden so schnell zu „Schwergewichten".
› **Leichter** wird's mit Töpfen und Kästen aus Kunststoff und Blähton für die Dränageschicht.

Obstgenuss pur

An einem sonnigen bis halbschattigen, geschützten Standort gedeihen Obstgehölze besonders gut. Selbstgezogene Sämlinge blühen und fruchten erst nach ein paar Jahren und die Fruchtqualität kann sehr stark schwanken. Kaufen Sie daher lieber Kübelpflanzen aus dem Gartenfachhandel.

Auf kleinstem Raum

Bedenken Sie bei der Anschaffung von Topfobst, dass diese Kübelpflanzen viel Platz in Anspruch nehmen. Möchten Sie beispielsweise auch Gemüse und Kräuter in Töpfen kultivieren, müssen Sie sorgfältig planen. Auf sehr kleinen Balkonen sind Erdbeeren in Kästen und Ampeln sehr zu empfehlen. Monats-Erdbeeren können den ganzen Sommer über geerntet werden und nehmen nicht viel Platz weg. Topfobst ist nur auf großen Balkonen wirklich zu empfehlen. Obstbäumchen können Ausmaße von bis zu 3,50 m im Durchmesser annehmen. Beerensträucher können bis zu 1,50 m in die Breite gehen.

Beim Kauf beachten

Kleine Obstbäume sollten einen senkrechten Mitteltrieb mit drei bis vier Seitentrieben aufweisen. Bei einem Niederstamm entspringen die Seitentriebe in einer Höhe von 40 bis 60 cm. In dieser Höhe beginnt die Krone. Bereits erzogene Spalierbäumchen sind meist teurer als einfache Jungpflanzen, aber für den Balkon besonders gut geeignet. Veredlungen auf schwachwachsenden Unterlagen sind empfehlenswert. Besser Pflanzen in Töpfen kaufen, denn diese sind schon an das Leben im Topf gewöhnt. Nach dem Kauf unbedingt in einen größeren Topf umsetzen!

Pflege-Einmaleins

▸ **Gießen:** Besonders an heißen Sommertagen öfter den Wasserbedarf kontrollieren. Der Topfballen darf sich nicht vom Rand lösen. Ist der Topf beim Anheben sehr leicht, muss gegossen werden.

▸ **Düngen:** Ein Universaldünger ist ausreichend. Darüber hinaus gibt es Spezialdünger für Obstpflanzen, die typische Mangelerscheinungen verhindern. Kaliumbetonter

Strenge Erziehung?

Ballerina: Lange Seitentriebe auf drei Knospen zurückschneiden, ggfs. Höhe zurücknehmen.

Spindel: steil stehende Triebe entfernen, auf waagerechte Triebe ableiten.

Spalier: Triebe, die die Erziehungsform beeinträchtigen, auf vier Knospen zurückschneiden.

Stämmchen: Austriebe unterhalb der Kronenhöhe entfernen, Wildtriebe aus der Unterlage beseitigen.

Ein Apfelbäumchen wurde hier zu einem Spalier erzogen.

Alles im Kübel

› **Gefäße aller Art** sind geeignet; falls nicht vorhanden, Löcher für den Wasserabzug hineinbohren.

› **Körbe und Holzkübel** mit fester Plastikfolie auslegen, keine Abzugslöcher notwendig.

› **Dränage** aus Tonscherben 3 cm stark auf den Topfboden legen.

› **Gießrand** von etwa 2–3 cm vorsehen.

Beerendünger fördert Fruchtansatz und Reife bei Johannisbeeren, Erdbeeren und anderen Beerenfrüchten.

▸ **Umtopfen:** Alle zwei bis drei Jahre ist es Zeit, die Obstgehölze umzutopfen. Wählen Sie einen Topf, der etwa 5 cm größer ist. Nach dem Umtopfen muss die Veredlungsstelle über dem Substrat liegen.

▸ **Winterschutz:** Nur bis Spätsommer düngen, damit die Triebe ausreifen können und im Winter nicht erfrieren. Topfballen im Winter abdecken und an die Hauswand rücken. Mediterrane Obstgehölze und Pfirsiche in einem frostfreien, hellen Raum überwintern.

Schnittmaßnahmen

Im Spätwinter oder zeitigen Frühjahr werden die meisten Schnittmaßnahmen durchgeführt. Eine Faustregel, die sich leicht merken lässt, lautet: Je stärker der Rückschnitt, desto kräftiger der Austrieb. Immer auf eine nach außen weisende Knospe schneiden. Triebe sollten sich nicht kreuzen oder zu dicht beieinander stehen.

▸ **Auslichtungsschnitt:** zu dicht stehende oder nach innen wachsende Äste entfernen.

▸ **Erhaltungsschnitt:** Form wahren oder wiederherstellen, ggfs. Größe begrenzen, Rückschnitt der abgetragenen Äste auf drei Knospen.

▸ **Verjüngungsschnitt:** altes und krankes Holz entfernen, überalterte Triebe auf junge Seitentriebe oder auf Knospen zurücknehmen. ●

Kräuterlust

Einjährige Kräuter können schon ab April, kälteempfindliche Kräuter erst ab Mitte Mai ausgesät werden. Kaufen Sie mehrjährige Kräuter wie Rosmarin und Lorbeer als Topfpflanzen. Im Frühjahr und Sommer gibt es eine große Auswahl an Kräutern in Töpfen zu kaufen.

▸ **Kauftipps:** Wählen Sie kleine Töpfe aus. Die Kräuter sollten kräftig und gesund sein, also keine gelben oder stark beschädigten Blätter haben. Der Topfballen sollte weder ausgetrocknet noch zu nass sein. Scheuen Sie sich nicht, den Wurzelballen vor dem Kauf aus dem Topf zu ziehen. Die Wurzeln sollten weiß und nicht dunkel verfärbt sein. Die Pflanzen müssen in größere Töpfe gesetzt werden, sobald ihnen die Verkaufstöpfe zu klein geworden sind.

Kräuter richtig pflegen

▸ **Gießen:** Kräuter mögen es lieber trocken als zu nass. Trotzdem dürfen die Töpfe nicht austrocknen.

▸ **Düngen:** Kräuter, die zu oft gedüngt werden, verlieren an Aroma. Einjährige Kräuter werden in der Regel nicht gedüngt. Zeigen sie jedoch Mangelerscheinungen wie Blattvergilbungen, werden sie gedüngt. Mehrjährige Kräuter werden alle sechs Wochen mit der Hälfte der normalen Dosierung gedüngt.

▸ **Umtopfen:** Topfdurchmesser mindestens 15 cm oder 5 cm größer als der alte Topf wählen.

▸ **Winterschutz:** Mehrjährige winterharte Kräuter können auf dem Balkon überwintert werden, frostempfindliche Kräuter wie Lorbeer oder Rosmarin in einem kühlen, hellen Raum.

Kräuter ernten

Das regelmäßige Ernten der frischen Triebe und Blätter fördert einen kräftigen Neuaustrieb. Die Kräuter vor dem Verzehr vorsichtig abwaschen und auf Küchenpapier abtrocknen. Die meisten Kräutern haben kurz vor der Blüte den höchsten Anteil an ätherischen Ölen und sollten dann geerntet werden. Lavendel, Thymian und Oregano bilden eine Ausnahme, sie werden während der Blüte geerntet.

Nachwuchshilfen

Anzuchterde: weitgehend keimfreie Spezialerde für Aussaaten und Stecklinge

Torfquelltöpfe: flache Scheiben, die mit Wasser zum Quellen gebracht werden; gut für Stecklingsvermehrung geeignet

Torftöpfe: Töpfe aus Torfmaterial, erleichtern das Umsetzen von Sämlingen, werden im Boden zersetzt

Mini-Gewächshaus: schafft ein feuchtwarmes Klima für kleine Pflanzen

Kräuter in Topform

Regelmäßig geerntet, wachsen Kräuter wieder kräftig nach.

▸ **Rückschnitt:** Mehrjährige Aromageber, die sowohl krautige Pflanzen als auch Kräuter und Halbsträucher sein können, vertragen nach der Blüte einen kräftigen Rückschnitt, damit sie kompakt bleiben und nicht zu stark verholzen (z.B. Minze oder Salbei).

▸ **Formschnitt:** Lorbeer- und Rosmarinpflanzen können problemlos zu Kugelbäumchen geschnitten werden. Dazu werden Formen aus Draht über die Pflanze gestülpt und die überragenden Triebe entsprechend passgenau in Form geschnitten. Im Juni ist der beste Zeitpunkt für den Formschnitt. Mit etwas Übung sind auch kompliziertere Formen wie Spiralen und Pyramiden möglich.

Aus eins mach zwei

▸ **Teilung:** Den Topfballen mit einem scharfen Messer in der Mitte durchschneiden (Schnittlauch, Zitronengras).

▸ **Absenker:** Lange Triebe in einen Topf mit Erde lenken und mit einer Drahtklammer feststecken. Sobald die Pflanzen bewurzelt sind, werden sie von der Mutterpflanze getrennt (Minze, Rosmarin).

▸ **Stecklinge:** 5–7 cm lange Triebspitzen in die Erde stecken und mit einer Haube abdecken. Nach dem Bewurzeln in Töpfe setzen. ●

SMART

Aromatische Vielfalt

› **Fruchtige Note:** Zitronen-, Orangen- und Apfel-Minze, Ananas-Salbei oder Mandarinen-Salbei.

› **Buntes Laub:** Pfefferminze, Zitronen-Melisse, Thymian, Majoran und Salbei.

Wasser marsch!

Eine alte Gärtnerregel besagt, dass Pflanzen eher tot gegossen werden, als dass sie vertrocknen. Also gießen Sie nicht einfach blind drauflos, sondern achten Sie darauf, ob die Pflanzen überhaupt Wasser benötigen.

Gießen ist kein Problem, solange man zu Hause ist. Aber was tun, wenn man übers Wochenende verreist oder sogar längere Zeit im Urlaub ist? Gartencenter halten viele Hilfsmittel bereit. Für ein Wochenende oder maximal eine Woche spenden Bewässerungskugeln Ihren Pflanzen Wasser. Sie werden am besten schon beim Ein- oder Umtopfen in den Topf gesetzt, sonst können die Wurzeln oder die Glaskugel beschädigt werden. Das Tropf-Blumat-System hält da schon bedeutend länger. Die Anschlussmöglichkeiten reichen vom kleinen Wassergefäß bis zum Direktanschluss an den Wasserhahn. Wollen Sie das Gießen ganz der Technik überlassen, lohnt sich die Anschaffung einer vollautomatischen Bewässerungsanlage. Dafür benötigen Sie einen Wasseranschluss in Balkonnähe. Kontrollieren Sie Ihre Gießhilfen regelmäßig, ob sie genügend Wasser an die Pflanzen abgeben. Machen Sie vor längerer Abwesenheit unbedingt einen Test mit dem System Ihrer Wahl, damit es später keinen Ärger gibt. Keine Zeit oder Lust auf technische Hilfsmittel? Altbewährt: gegenseitige Nachbarschaftshilfe!

◄ **Bewässerungskugeln:** Die bunten Glaskugeln stillen nicht nur den Durst Ihrer Pflanzen, sondern sind auch schön anzusehen. Die dekorativen Accessoires haben ein Fassungsvermögen bis zu einem 1/2 l Wasser. Mit Wasser gefüllt werden sie je nach Fabrikat mit dem Glasfuß auf einen Tonkegel gesetzt oder in die Erde gesteckt. Feuchtigkeit wird an die Erde abgegeben, sobald diese trocken wird. Bewässerungskugeln sind eine gute Versorgung übers Wochenende. Unschöne Veralgungen im Innern der Kugeln können mit Zitronensäure entfernt werden. Eine Kugel kann einen kleinen Kräutertopf gut übers Wochenende versorgen. Für einen großen Kübel mit Tomaten sind mindestens zwei Kugeln erforderlich.

◄ **Tropf-Blumat:** Besteht aus einem dünnen Schlauch, der einen Tonkegel mit einem höher stehenden Wassertank verbindet. Sobald die Erde austrocknet, entsteht ein Unterdruck im Tonkegel. Wasser wird vom Wassertank aus in den Schlauch geleitet und tropft auf die Erde. Die Wassermenge kann mit einem Schalter reguliert werden. Mehrere Tropfer können beliebig miteinander verbunden werden. Die Dauer der Bewässerung ist durch die Größe des Tanks limitiert. Das System kann auch an den Wasserhahn angeschlossen werden.

▶ **Gießkanne:** Das wichtigste Gerät auf dem Balkon sollte einen langen Gießhals und einen abnehmbaren Brausekopf haben. Kannen aus Zink sind sehr dekorativ, bei größerem Fassungsvermögen aber schwer zu tragen. Leichter sind dagegen Kunststoffkannen. Tipp: Lassen Sie beim Eintopfen einen hohen Gießrand. So erleichtern Sie sich das Gießen.

▲ **Wasserdepot:** Wie bei einem großen Hydrotopf befindet sich unter dem Balkonkasten ein Raum, in dem Wasser gesammelt wird. Das Wasser wird eingefüllt, bis die Anzeige einen optimalen Wasserstand anzeigt. Dochte ziehen das Wasser in die trockene Erde. Die Kästen müssen absolut waagerecht hängen oder stehen.

Blattlaus & Co.

Blattläuse

Plagegeister an Pflanzen sicher zu erkennen, ist schon der erste Schritt zur erfolgreichen Bekämpfung

Vertrauen ist gut, Kontrolle besser

Überprüfen Sie regelmäßig Ihre Pflanzen auf Schädigungen. Zuerst fallen natürlich Fraßschäden auf, die meist von Käfern oder Raupen verursacht werden. Blätter zeigen Löcher oder sind in ihrer Blattfläche dezimiert. Punktförmige Verfärbungen und klebrige, glänzende Flecken auf Blättern sind ein Indiz für saugende Insekten. Schauen Sie auch auf die Blattunterseite, dort fühlen sich Blattläuse, Weiße Fliege und Spinnmilben wohl. Weiße Fliegen flattern bei Bewegungen an den Blättern auf. Morgens sind sie noch träge und lassen sich gut bekämpfen. Unterschiedlich gefärbte, klar umgrenzte Flecken, weiße, mehlige Beläge und

braune oder orangefarbene Pusteln auf Blättern werden durch Schadpilze hervorgerufen. Kirschfruchtfliege, Apfelwickler & Co. bohren Löcher in Früchte, durch die sich die meist als Maden bezeichneten Larven durchfressen.

Doch nicht alle Schäden werden durch Insekten oder Pilze verursacht. Pflegefehler und ungünstige Witterungsfaktoren können die Pflanzen gleichermaßen beeinträchtigen. Welkt die gesamte Pflanze, muss schnell gehandelt werden. Löst sich die trockene Erde bereits vom Topfrand, hilft nur Tauchen in einem Eimer Wasser, bis keine Bläschen mehr aufsteigen. Doch auch Staunässe kann schaden. Nehmen Sie die Pflanze aus dem Topf und drücken Sie den Topfballen vorsichtig, damit das überschüssige Wasser ablaufen kann. Gegen Welkeschäden durch Nachtfröste sollten Sie auf den regionalen Wetterbericht achten und empfindliche Kulturen abdecken.

Aphidina spec.

▸ **Aussehen:** Gelb, grün oder schwarz, etwa 3 mm groß.

▸ **Schadbild:** Kolonien an jungen Trieben und auf der Blattunterseite, von Honigtau verklebte Blätter, durch Saugtätigkeit verkrüppelte Blätter und Triebe.

▸ **Vorbeugen:** Nützlinge fördern bzw. einsetzen, stark duftenden Lavendel, Heliotrop oder Studentenblumen in die Nähe stellen.

▸ **Bekämpfen:** Läuse abstreifen oder zerquetschen, Seifenlauge oder Knoblauchtee sprühen, stark geschädigte Blätter und Triebe entfernen.

Spinnmilben

Tetranychus urticae

▸ **Aussehen:** Kleine, rote oder gelbe Milben, die Gespinste bilden.

▸ **Schadbild:** Gespinste auf der Blattunterseite, später auch am Blattstängel, auf der Blattoberseite Kreise aus gelben Punkten, Blätter welken und fallen ab.

▸ **Vorbeugen:** Die Pflanzen nicht zu dicht zueinander stellen, an heißen, trockenen Tagen Wasser vernebeln.

▸ **Bekämpfen:** Knoblauchtee sprühen, Entfernen befallener Pflanzenteile oder bei starkem Befall ganzer Pflanzen, Raubmilben einsetzen.

Minierfliegen

Agromyzidae

▸ **Aussehen:** Kleine Fliegen, weiße Larven mit zugespitztem Kopfende.

▸ **Schadbild:** Fraßgänge in den Blättern mit Schlangenlinienverlauf, an deren Ende die verpuppten Larven sichtbar sind, schädigend bei starkem Befall

▸ **Vorbeugen:** Aufhängen von geleimten Gelbtafeln zum Abfangen der Fliegen.

▸ **Bekämpfen:** Entfernen der befallenen Blätter, Larven im Blatt am Ende des Minierganges mit dem Fingernagel zerdrücken.

Echter Mehltau

Sphaerotheca spec.

▸ **Aussehen:** Weißes Pilzmyzel breitet sich auf der Pflanze aus.

▸ **Schadbild:** Weißer, mehliger Belag auf der Ober- und Unterseite von Blättern, Trieben und Früchten. Bei stärkerem Befall welken die Blätter, verstärkt bei schwül-warmer Witterung auftretend.

▸ **Vorbeugen:** Mehltautolerante bzw. -resistente Sorten verwenden, Blätter beim Gießen nicht benetzen, Knoblauchzehen in die Töpfe setzen.

▸ **Bekämpfen:** Acker-Schachtelhalm-Brühe und Knoblauchtee sprühen. Entfernen befallener Pflanzenteile.

Zeitgemäßer Pflanzenschutz

Unsere Balkonpflanzen sind einer Vielzahl von Feinden ausgeliefert. Eine optimale Pflege und ein geeigneter Standort können den Schädlingsbefall mindern. Die Grundregel lautet: Vorbeugen ist immer besser als Bekämpfen!

Gezielt vorbeugen

Damit Kübelpflanzen gesund bleiben, müssen sie ausreichend gewässert und nach Bedarf gedüngt werden. Stellen Sie die Töpfe nicht zu dicht auf, damit die Luft dazwischen gut zirkulieren kann. Achten Sie beim Kauf von Obst- und Gemüsepflanzen auf mehltautolerante bzw. -resistente Sorten.

▸ **Mischkultur:** Bevorzugen Sie das muntere Durcheinander. Setzen Sie also nicht zu viele Pflanzen einer Familie wie Tomaten, Auberginen und Paprika (Nachtschattengewächse), Gurken, Zucchini und Kürbis (Kürbisgewächse) oder Kohlpflanzen zusammen. Stark duftende Pflanzen wie Lavendel, Heliotrop, Bohnenkraut oder Studentenblumen halten Schädlinge fern.

Rechtzeitig bekämpfen

Nehmen die Schädlinge überhand, muss gezielt bekämpft werden. Geeignete Spritzbrühen können ohne Aufwand zu Hause hergestellt werden. Die Zutaten gibt es im Supermarkt, im Reformhaus oder in der Apotheke, die Rezepte im Kasten. Soweit nicht anders angegeben, werden die Mittel unverdünnt mit einer Sprühflasche im Abstand von zwei bis drei Tagen auf die betroffenen Pflanzen gesprüht.

▸ **Schmierseife:** Die Atmungsorgane und die Außenhaut von Blattläusen und anderen weichhäutigen Insekten werden beschädigt. Doch auch

Kochen, rühren, sprühen

Schmierseifenlösung: für 1 l 2%ige Lösung etwa 20 g bzw. 20 ml Schmierseife in 1 l heißem Wasser auflösen, abkühlen lassen; als Zusatz in anderen Brühen sorgt sie für eine bessere Haftung auf den Blättern.

Knoblauchtee: für einen 1/2 l etwa 1 TL gehackten Knoblauch (oder Zwiebeln) mit einem 1/2 l kochendem Wasser wie bei einem Teeaufguss aufbrühen, abgedeckt 10 min ziehen lassen, abseihen und abkühlen lassen.

Acker-Schachtelhalm-Brühe: für 1/2 l 5 g getrockneten Acker-Schachtelhalm in 1/2 l kaltem Wasser 24 Stunden einweichen, mit dem Einweichwasser eine halbe Stunde abgedeckt köcheln lassen, abkühlen lassen, abseihen und 1:5 mit kaltem Wasser verdünnen.

Brennnesselauszug: für 1 l 100 g frische oder 10–15 g getrocknete Brennnesseln mit 1 l kaltem Wasser aufgießen, nach max. einem Tag und mehrmaligem Umrühren abseihen.

Nützlinge werden nicht verschont. Daher nicht anwenden, wenn sich Nützlinge auf den Pflanzen befinden!

▸ **Knoblauch:** Knoblauchgeruch schreckt Spinnmilben und Blattläuse ab. Die keimhemmenden Inhaltsstoffe wirken gegen Mehltau.

▸ **Acker-Schachtelhalm:** Die enthaltene Kieselsäure wirkt pflanzenstärkend. Wird vorbeugend und bekämpfend gegen Pilzerkrankungen eingesetzt. Bei Mehltaubefall drei Tage hintereinander, zur Vorbeugung ab dem Frühjahr regelmäßig anwenden. Besonders wirksam an sonnigen und trockenen Tagen.

▸ **Brennnesseln:** Bei geringem Befall von Blattläusen, Weißer Fliege und anderen Blattsaugern einsetzen, um die Abwehrkräfte der Pflanze zu stärken.

Aus einigen Pflanzen können wirksame Spritzmittel hergestellt werden.

SMART

Auf den Leim gegangen

> **Gelbtafeln** mit Leim fangen geflügelte Schädlinge wie Blattläuse, Weiße Fliege und Minierfliegen ab und erleichtern die Kontrolle. Sie können in die Pflanzen gehängt oder auf Stäbe gesteckt werden.

Wenn nichts anderes mehr hilft

Die Anwendung von chemischen Pflanzenschutzmitteln auf Balkonen und im Hausgebrauch ist sehr eingeschränkt. Zum Verzehr bestimmte Pflanzen sollte man grundsätzlich nicht mit chemischen Präparaten behandeln. Vorbeugende und sanfte biologische Maßnahmen sind auf dem Balkon der Chemie immer vorzuziehen. Manche Krankheiten an Obstgehölzen, etwa Echter Mehltau, lassen sich allerdings nur mit Chemie bekämpfen, wenn die Pflanze erhalten werden soll. Verwenden Sie aber nur im äußersten Fall chemische Mittel und lassen Sie sich vorher im Fachhandel gründlich beraten. Halten Sie die chemisch behandelten Pflanzen außerhalb der Reichweite von Kindern und Haustieren. ●

Marienkäfer & Co.

Die kleinen Helfer können leicht auf dem Balkon angesiedelt werden.

Natur pur auf Balkonien

Marienkäfer, Schwebfliegen und andere Insekten zählen zu den Nützlingen, da sie mit Vorliebe pflanzenschädigende Insekten wie Blattläuse und Spinnmilben vertilgen. Auch auf einem Balkon können die hilfreichen Gesellen angesiedelt werden. Eine Mischung aus Feldblumensamen, Borretsch, Kamille und Dill bietet vielen Insekten Nektar und Pollen als Nahrung an. Die Nützlinge legen ihre Eier bevorzugt in die Nähe von Schädlingen. Seien Sie also mutig und lassen Sie einige Pflanzen „verlausen"! Zu Beginn eines Sommers sind noch nicht viele Nützlinge unterwegs. Doch im Hochsommer sind sie uner-

müdlich an der Arbeit. Bis auf den farbenfrohen Marienkäfer, der sich auch als erwachsener Käfer von Blattläusen ernährt, sind die kleinen Helfer eher unscheinbar. Aus Eiern schlüpfen Larven, die sich räuberisch von anderen Insekten ernähren, bis sie sich verpuppen und der Kreislauf von vorn beginnt.

Sofern Sie den Nützlingen ordentliche Unterschlüpfe anbieten, können Sie den Winter auf Ihrem Balkon überdauern. Altes Laub, Zeitungen und sogar umgedrehte, leere Töpfe sind für die nützlichen Insekten attraktiv. Im Frühjahr steht Ihnen dann die geballte Power der ausgehungerten Tiere zur Verfügung.

In den nebenstehenden Porträts werden die häufigsten Nützlinge vorgestellt, die sich auch von selbst auf dem Balkon einstellen. In akuten Fällen können sie über den Gartenfachhandel oder das Internet bestellt werden.

Marienkäfer

Coccinellidae

▸ **Beute:** Blattläuse, Schildläuse, Blattflöhe.

▸ **Larven:** Schwarzer bis bläulicher Körper mit gelben Punkten, 6 Beine und sehr beweglich, bis zu 400 Blattläuse werden während der 20-tägigen Entwicklungzeit vertilgt.

▸ **Erwachsenes Tier:** Käfer mit großer Formenvielfalt, am bekanntesten ist der rote Siebenpunkt-Marienkäfer mit 7 schwarzen Punkten, er frisst 40 bis 60 Blattläuse pro Tag.

▸ **Lebensweise:** Larven schlüpfen im Frühjahr aus gelben Eiern in Beutenähe, überwintern als Käfer in Wohnräumen oder auf dem Balkon.

Schwebfliegen

Syrphidae

▸ **Beute:** Blattläuse, Spinnmilben und andere Blattsauger.

▸ **Larven:** Grün, braun oder grau, Körper spitzt sich zum Kopf hin zu; sie heben Beute mit dem Mundhaken an und saugen sie aus, dabei kommen sie auf 400 Blattläuse in 15 Tagen!

▸ **Erwachsenes Tier:** Schwebfliegen besitzen eine schwarzgelbe, wespenähnliche Zeichnung, anders als Wespen schweben sie in der Luft und vollführen Zickzack-Flüge.

▸ **Lebensweise:** Erwachsene Schwebfliegen ernähren sich anders als die Larven von Pollen und Nektar, die Eier werden in Blattlausnähe abgelegt.

Florfliegen

Neuroptera

▸ **Beute:** Blattläuse, Spinnmilben und andere Insekten.

▸ **Larven:** Sie werden auch „Blattlauslöwen" genannt und sehen Marienkäferlarven ähnlich. Die Larven stecken ausgesaugte Blattläuse auf ihre Rückenborsten und vernichten ca. 500 Blattläuse in 18 Tagen.

▸ **Erwachsenes Tier:** Florfliegen besitzen einen zarten grünen Körper, durchsichtige Flügel, rote, hervorstehende Augen und ernähren sich von Pollen und Nektar.

▸ **Lebensweise:** Eier werden einzeln oder gebündelt auf Stielchen abgelegt, erwachsene Tiere überwintern in Räumen oder auf dem Balkon.

Blattlauswespen

Aphidius-Arten

▸ **Beute:** Blattläuse

▸ **Larven:** Sie leben parasitisch in und von Blattläusen, die Parasitierung durch die Larven ist an den aufgeblähten, gelblichen bis braunen Blattlauskörpern erkennbar.

▸ **Erwachsenes Tier:** Blattlauswespen haben einen 2–4 mm winzigen, dunkel gefärbten Körper, sie legen mit Hilfe eines Legestachels Eier in den Blattläusen ab.

▸ **Lebensweise:** Vor der Verpuppung „kleben" die Larven den Blattlauskörper am Blatt fest, der Schlupf der Wespe ist am runden Bohrloch erkennbar.

Richtig überwintern

Wenn die Tage kürzer werden, bereiten sich die Pflanzen auf eine Ruhephase vor. Ab jetzt wird weniger gegossen und gedüngt. So können die Triebe ausreifen und den frostigen Winter überstehen.

Auf dem Balkon überwintern

Winterharte Kräuter und Gehölze können mit etwas Schutz problemlos auf dem Balkon überwintert werden.

Winterhartes Gemüse verträgt und braucht sogar Kälte und Frost. Ab Mitte August sollte nicht mehr gedüngt werden.

▸ **Kleine Töpfe und Kästen** werden an der Hauswand zusammengerückt und mit alten Decken oder Zeitungen zugedeckt. Legen Sie Tontöpfe oder anderes schweres Material auf die Ecken, damit der Winterschutz bei einem Sturm nicht wegfliegt.

▸ **Große Kübel,** die schlecht bewegt werden können, mit Vlies, Decken oder Luftpolsterfolie umwickeln. Holz oder Styropor unter den Töpfen verhindert ein Erfrieren des Wurzelballens, wenn der Untergrund aus Stein besteht. Töpfe mit Gehölzen auf windigen Balkonen besser hinlegen oder am Kübelrand (nicht auf der Erde!) mit Steinen beschweren.

▸ **Immergrüne,** etwa Kräuter wie Salbei und Thymian, an frostfreien Tagen ab und zu mit lauwarmem Wasser gießen.

▸ **Ab April** an bewölkten Tagen aufdecken und etwas gießen. Bei Frosteinbrüchen die Pflanzen unbedingt wieder zudecken. Ab Mai können die Pflanzen sicher aufgedeckt und an ihren endgültigen Platz gerückt werden.

Frostfrei überwintern

Frostempfindliche Kübelpflanzen wie Zitrusgewächse, Lorbeer und Rosmarin verbringen den Winter besser in kühlen Quartieren wie dem Treppenhaus oder

Gut verpackt überstehen winterharte Kübelpflanzen den Winter im Freien.

anderen ungeheizten Räumen. Die Temperaturen dürfen hier nicht unter 5°C fallen. Feigenbäumchen können auch in beheizten Räumen überwintert werden.

Frische Kräuter kommen im Winter von der Fensterbank.

▸ **Kübelpflanzen** so lange wie möglich auf dem Balkon lassen, jedoch vor den ersten Frösten einräumen. Vorher unbedingt kranke oder beschädigte Pflanzenteile entfernen.

▸ **Die Pflanzen** dürfen in ihrem Winterquartier nicht zu dicht stehen. Es wird sparsam gegossen, die Töpfe dürfen aber nicht austrocknen. Eine wöchentliche Kontrolle der Pflanzen auf Schädlingsbefall ist notwendig. Trockenes oder schimmliges Laub entfernen.

▸ **Ab Mitte Mai** die Pflanzen an bedeckten Tagen für einige Stunden zum Abhärten auf den Balkon stellen.

Kräuter auf der Fensterbank

Eine helle Fensterbank ist ein gutes Quartier für ein- und mehrjährige Kräuter. Wer auch im Winter nicht auf frisches Grün verzichten will, holt sich seine Lieblingskräuter auf die Fensterbank. Alternativ kann man auf Blumenampeln ausweichen. Für die Zimmerkultur mit wenig Wasser- und gelegentlichen Düngegaben eignen sich Basilikum, Majoran, Rosmarin, Estragon, Petersilie, Schnittlauch, Thymian und Kresse. Farbige Abwechslung bieten Kapuzinerkresse und Duft-Geranien. ●

SMART

Frühlingsboten

> **Frühjahrsblüher** wie Tulpen, Narzissen und Traubenhyazinthen im Herbst in Schalen oder Töpfe setzen und über den Winter zudecken.
> **Ab März** aufdecken und sparsam gießen.
> **Blumenzwiebeln** sind auch als Unterpflanzung für winterharte Obstkübel geeignet.

Platzierung auf
Balkonien

Die Balkonbrüstung ist der übliche Platz für Blumenkästen. Aber je nach Größe und Bauart des Balkons können auch noch an anderen Stellen Pflanzgefäße die Freiluftoase verschönern.

◀ Wandregal Platz für ein Regal ist immer da. Es gibt Ausführungen, die speziell für Pflanzkästen oder -töpfe gedacht sind. Kunstvoll gearbeitete Eisengitter haben Tradition. Damit die aufgestellten Pflanzen genug Licht bekommen und sich entfalten können, müssen die Etagen unten breiter als oben sein. Sie sollten unbedingt auf eine sichere Befestigung an der Wand mit Dübel und Schrauben achten! Mieter müssen vor der Montage beim Hauseigentümer die Erlaubnis einholen.

**① **

Pflanzenbox ▶ Ist die Bodenfläche des Balkons groß genug, kann man regelrechte „Beete in der Kiste" anlegen. Breite Blumenkästen eignen sich, vor allem aber Plastikwannen vom Bauhandel. Die sind preiswert und besitzen ein geringes Gewicht. Außerdem eignen sich mit Folie ausgekleidete Holzkisten, die sich vor Ort montieren lassen. Vergessen Sie nicht die Abzugslöcher! Bei so viel Wurzelraum werden Blumen, Kräuter und Gemüse bald üppig wachsen.

**② **

Topfhänger ▶ Statt eines Kastens kann man natürlich auch einzelne Töpfe an das Balkongeländer hängen. Das lohnt sich besonders dann, wenn es sich um attraktive Ausführungen wie Terrakotta oder Keramik mit einer auffälligen Glasur handelt. Tipp: Hängen Sie diese nach innen und bringen Sie zusätzlich außen Kästen an. Dann haben Sie vom Sitzplatz oder Fenster aus immer einen schönen Blick auf die Topfreihe. Als Befestigung eignen sich spezielle Blumentopfhalter, die über das schmale Geländer gehängt werden. Beachten Sie das zulässige Höchstgewicht!

◀ Blumentreppe Für zusätzlichen Platz auf dem Balkon sorgen Blumentreppen. Sie sind vor allem für Blumen in Töpfen gedacht, die man auf diese Weise sehr ansprechend in verschiedenen Höhen staffeln kann. Längliche Treppen fassen auch Blumenkästen und natürlich kann man allerlei hübsche Accessoires mit einbringen. Im Handel gibt es rechteckige Treppenelemente, aber auch solche in Form eines Viertelkreises. Aus diesem „Baukastensystem" kann man sich je nach Bedarf und vorhandenem Platz passende Treppen zusammenstellen.

Tipps zum Schluss

Pflanzen für spezielle Standorte

Pflanzen, die in einem Gefäß eine Gemeinschaft bilden, sollten ähnliche Pflegeansprüche haben. Informationen über Sonnen- und Schattenbedarf finden Sie in der Literatur. Achten Sie außerdem auf folgende Eigenschaften:

▸ **Viel Wasser (aber keine Staunässe!) brauchen:** Engelstrompete (*Brugmansia*), Drillingsblume (*Bougainvillea*), Eukalyptus, Oleander (*Nerium*) und Hibiskus; Fuchsien, Glockenrebe (*Cobaea scandens*) und Prunkwinde (*Ipomoea*); Edellieschen (*Impatiens*), Zweizahn (*Bidens*), Vanilleblume (*Heliotropium*), Gauklerblume (*Mimulus*) und Fächerblume (*Scaevola*).

▸ **Viel Dünger brauchen:** Surfinia-Petunien, Geranien (*Pelargonium*), Sonnenblumen (*Helianthus annuus*), Fuchsien, Oleander, Hibiskus, Engelstrompete und Drillingsblume.

▸ **Wind vertragen:** Studentenblume (*Tagetes*), Polster-Nelken (*Dianthus*), Husarenknöpfchen (*Sanvitalia*), Petunie, Leberbalsam (*Ageratum*), Eisenkraut (*Verbena*), Duftsteinrich (*Lobularia*), Eis-Begonie, Fleißiges Lieschen (*Impatiens*), Mittagsgold (*Gazania*) und Zweizahn (*Bidens*).

▸ **Keinen Wind vertragen:**
Blaues Gänseblümchen (*Brachyscome*), Glockenblumen (*Campanula*), Spaltgriffel (*Schizanthus*), Feuer-Salbei (*Salvia splendens*), Zier-Tabak (*Nicotiana*); Glockenrebe (*Cobaea*), Schönranke (*Eccremocarpus scaber*).

▸ **Regenfest sind:** Fuchsien, Fächerblume (*Scaevola*), Zweizahn (*Bidens*), Schneeflockenblume (*Sutera*), Wandelröschen (*Lantana*) und Studentenblume (*Tagetes*).

▸ **Saure/kalkfreie Erde („Rhododendronerde") brauchen:**
Rhododendren und Azaleen (*Rhododendron*), Besenheide (*Calluna vulgaris*), blau blühende Hortensien (*Hydrangea*), Stachelbeeren (*Ribes uva-crispa*), Kamelien (*Camellia*). Für die kalkempfindlichen Zitrusgewächse gibt es spezielle Zitruserde. Fürs Gießen mit möglichst kalkarmem Wasser „hartes" kalkreiches Wasser abkochen und abstehen lassen.

Fehler vermeiden

Der typische Anfängerfehler ist Ungeduld! Seien Sie klüger und beachten Sie Folgendes:

▸ **Pflanzen Sie Sommerblumen** nicht zu früh im Jahr in die Balkonkästen aus. Frost könnte sie vernichten.

▸ **Greifen Sie beim Pflanzenkauf** nicht schnell und unbedacht zu. Vorbereitung durch Planung vermeidet Fehlgriffe.

▸ **Sparen Sie nicht am falschen Ende.** Kaufen Sie Qualität beim Fachhändler, alles andere wird letztendlich teurer.

▸ **Setzen Sie die Pflanzen nicht zu dicht,** nur weil es sonst in der Anfangszeit kahl aussieht. Geben Sie Ihren Pflanzen Zeit, sich zu entwickeln. In wenigen Wochen werden die Pflanzen umso schöner gewachsen sein.

Für Ihre Sicherheit

▸ **Niemals Kästen und Töpfe ungesichert** aufs Fensterbrett stellen! Auch auf der Mauerbrüstung oder am Geländer müssen sie unbedingt (sturm-)sicher befestigt werden. Der Fachhandel berät Sie über die geeigneten Halterungssysteme. Denken Sie daran: Sie haften für Schäden durch herunterfallende Gegenstände!

▸ **Tipp:** Gegen auslaufendes Wasser, das die Fassade beschmutzt oder auf Balkone und Passanten darunter tropft, helfen Untersetzer!

▸ **Als Schutz für Kinder und Haustiere** für eine Balkonbepflanzung nur ungiftige Arten verwenden! Fachbücher informieren vorab bei der Pflanzenauswahl; beim Einkauf nachfragen!

▸ **Beachten Sie beim Umgang mit Pflanzenschutzmitteln:** Sie dürfen nur für die jeweiligen Zier- und Gemüsepflanzen und für den Schädling oder die Krankheit zugelassenen Präparate in der auf der Packung angegebenen Dosierung verwenden. Pflanzenschutzmittel sind nicht frei verkäuflich; lassen Sie sich im Fachhandel beraten.

Infoecke

Bezugsquellen

▶ **Asiatische Gemüse und Kräuter:**
Quedlinburger Saatgut GmbH, D-06471 Quedlinburg, www.saatzucht-quedlinburg.de

▶ **Mini-Gemüse-Saatgut:**
Thompson & Morgan, Qualitätssamenhändler, Postfach 1069, 22784 Hamburg, www.seeds.thompson-morgan.com

▶ **Nützlingsversand:**
Katz Biotech Service, Industriestr. 38, 73642 Welzheim, www.katzbiotechservices.com

▶ **Stauden und Gehölze**
Gärtnerei Häussermann Im Kornfeld 4, 71696 Möglingen, www.haeussermann.com

▶ **Duftpelargonien, Zitronengras und andere „exotische" Kräuter:**
Die Kräuterei, Alexanderstr. 29, 26121 Oldenburg, www.kraeuterei.de

Rühlemann's, Auf dem Berg 2, 27367 Horstedt, www.salbeiblatt.de

▶ **Bewässerungssysteme:**
Gardena AG, Hans-Lorenser-Str. 40, 89079 Ulm, www.gardena.de

Zu den Autorinnen

▶ **Natalie Faßmann** ist promovierte Gartenbauingenieurin und arbeitet für die „GartenZeitung". Sie ist

▶ **Monika Kratz** ist Buchautorin und Fachjournalistin im Bereich Floristik. Außerdem führt sie Garten-

mit Leib und Seele Balkongärtnerin, ihre Erfahrungen und Ideen gibt sie in dem vorliegenden Buch weiter.

und Floristikseminare durch und berät Gartenbesitzer bei der Gartengestaltung und Pflanzenpflege.

Bildquellen

Bohne, Burkhard hintere Klappe innen u. M. re. und u. re.
Caspersen, Gisela Seite 10/11, 12, 13, 30, 31, 33, 37, 48 u.
Caspersen/Flora/Picture Press Seite 24.
Caspersen/Flora/Picture Life Seite 49 o., hintere Klappe innen u. M. li.
Caspersen/Picture Press Seite 98/99.
Flora Press Seite 7, 17, 20, 26, 27 o., M. und u., 28/29, 35, 88, 89 u., 118 o., vordere Klappe außen o., Umschlagrückseite o.
Floramedia Seite 6, 14, 21,

41, 42, 65, 73, vordere Klappe außen u., hintere Klappe außen o., vordere Klappe innen M. li.
Francesco 83/fotolia vordere Klappe innen u. M. re.
GBA/GPL Seite 103.
GBA/Nichols Seite 27 u.
Haberer, Martin vordere Klappe innen u. M. li.
Hahne/Picture Press Seite 23.
Heißel, Kaspar vordere Klappe innen u. li.
Jarosch, Petra Seite 15, 32, 34, 45, 118 u., vordere Klappe außen M., hintere Klappe außen M., hintere Klappe

Impressum

**Bibliografische Information
der Deutschen Nationalbib-
liothek**
Die Deutsche Nationalbib-
liothek verzeichnet diese
Publikation in der Deut-
schen Nationalbibliografie;
detaillierte bibliografische
Daten sind im Internet über
http://dnb.d-nb.de abruf-
bar.

© 2009, 2020 Eugen
Ulmer KG
Wollgrasweg 41, 70599
Stuttgart (Hohenheim)
E-Mail: info@ulmer.de
Internet: www.ulmer.de

Lektorat: Doris Kowalzik
Innengestaltung: X-Design,
München
Umschlagentwurf: Antje
Warnecke, nordendesign.de
Druck und Bindung: Wester-
mann Druck, Zwickau
Printed in Germany
ISBN 978-3-8186-1046-3

nnen o. li., hintere Klappe
nnen M. M. li.
Köhlein, Fritz hintere Klappe
nnen u. li.
Kramp+Goelling /Flora/Pic-
ture Press Seite 4/5, 19, 39,
119 u., vordere Klappe
außen o. li., vordere Klappe
nnen o. li.
Kühne, Stefan, Biologische
Bundesanstalt für Land- und
Forstwirtschaft (BBA) Seite
115 re.
Nyscriv, John/iStock vordere Klappe innen M. re.
Redeleit, Wolfgang Seite 22,
25, 36, 43, 48 o., 49 u., 46,

47, 84, 89 o., 90, 96, 109 li.
und re., 113, vordere Klappe
innen M. M. li., hintere
Klappe innen M. li.,
Umschlagrückseite u.
Reinhard, Hans Seite 50/51,
52, 53, 54/55, 59, 63 o.
und u., 66, 67 li. und M., 68,
69, 74, 78/79, 82, 83, 85,
92, 95, 97 o. und u.,
100/101, 107, 108, 111 re.,
114, 116, 117, hintere Klappe außen u., hintere Klappe
innen M. M. re., Umschlagrückseite M.
Reinhard, Nils Seite 67 re.
Schaefer, Bernd Seite 100.

Schiereck, Uwe/Flora/
Picture Press Seite 119 o.
Strauß, Friedrich Titelbild,
Seite 56, 57, 61, 62, 71, 75,
76, 77 o., 80, 81, 86, 87, 91,
93, 105, 109 o., vordere
Klappe innen o. re., vordere
Klappe innen M. M. re., vor-
dere Klappe innen u. re.,
hintere Klappe innen o. re.,
hintere Klappe innen M. re.
Szczepaniak, Olaf/Flora/
Picture Press Seite 8.
Veser, Jochen Seite 111 li.
und M., 115 li. und M.

Haftung

Register

Register

Hier können Sie weiterlesen

Mein Gemüsegarten.

Wie er mir gefällt.

Natalie Faßmann. 2019.

160 Seiten, 189 Farbfotos,

11 farbige Zeichnungen, geb.

ISBN 978-3-8186-0653-4.

Von welchem Gemüsegarten träumen Sie? Lieben Sie es, Ihr eigenes Gemüse erntefrisch zu genießen oder wollen Sie sich beim Umgraben so richtig austoben? Wollen Sie sich rundum selbst versorgen oder sind alte Gemüsesorten Ihre Leidenschaft? Dieses Buch enthält sorgfältig zusammengestelltes Wissen zum Aussäen, Düngen, Ernten, Lagern und Verarbeiten. Außerdem finden Sie die besten Gemüsearten für Ihren Garten von kinderleichten Radieschen bis hin zu anspruchsvollem Fenchel sowie die Klassiker Tomate, Zucchini und Kürbis.

Wege zum Gartenglück

Mein Blumengarten.
Wie er mir gefällt.
Mascha Schacht. 2017.
160 Seiten, 180 Farbfotos,
31 farbige Zeichnungen, geb.
ISBN 978-3-8001-0928-9.

Ob Sie ein ganzes Jahr lang buddeln, gießen, schneiden und sich viel bewegen wollen oder nur wenig Platz für die große Blütenpracht haben. Ob Sie mit Ihren Kindern ein kleines Blumenparadies zaubern oder selbst zum Blumen-Spezialisten werden wollen: Machen Sie, was Ihnen gefällt! Wir haben die Inspiration und das Profi-Wissen, Sie haben die Begeisterung, ganz entspannt etwas Tolles anzufangen.